高等医学院校临床见习系列教材

神经与精神病学临床见习指导

主　编　杨文琼　王云甫

副主编　刘光建　张贵斌　周青珍　蔡志友

编　委　（按姓氏汉语拼音排序）

陈　涛　程　伟　程晓琳

邓晓玲　韩　琦　胡　伟

胡锦全　李小龙　刘建光

刘立军　潘　燕　乔向亮

上官守琴　施艳红　佟德

王　峥　王普清　徐丽丽

赵　丹　赵　勇　周佩洋

科学出版社

北京

内 容 简 介

本书利用简短、精炼的语言，将神经与精神病的相关内容进行精简、归纳，相关内容包括：神经系统检查方法、病史采集、腰椎穿刺术、偏头痛、脑血管病、颅内感染、多发性硬化、帕金森病、癫痫、脊髓疾病、周围神经病、神经-肌肉接头疾病。

本书适用于临床医学、麻醉学、医学影像学、口腔医学、康复治疗学等专业学生临床见习使用。

图书在版编目(CIP)数据

神经与精神病学临床见习指导 / 杨文琼，王云甫主编. —北京：科学出版社，2016.9

ISBN 978-7-03-049807-6

Ⅰ. ①神… Ⅱ. ①杨… ②王… Ⅲ. ①神经病学–实习–医学院校–教学参考资料②精神病学–实习–医学院校–教学参考资料 Ⅳ. ①R74-45

中国版本图书馆 CIP 数据核字(2016)第 206176 号

责任编辑：杨鹏远 / 责任校对：李　影
责任印制：李　彤 / 封面设计：陈　敬

科 学 出 版 社 出版
北京东黄城根北街 16 号
邮政编码：100717
http://www.sciencep.com
北京凌奇印刷有限责任公司 印刷
科学出版社发行　各地新华书店经销
*
2016 年 9 月第　一　版　开本：787 × 960　1/32
2023 年 2 月第五次印刷　印张：3 7/8
字数：58 000
定价：29.80 元
（如有印装质量问题，我社负责调换）

高等医学院校临床见习系列教材
编写指导委员会

总 前 言

临床见习是医学教育的重要环节，是医学生由基础理论学习向临床实践过渡的桥梁，是培养和提高医学生运用所学理论进行逻辑思维及临床综合运用能力的重要途径。临床见习阶段，医学生在带教教师指导下，接触病人，结合病人病情，运用所学基本知识，开拓思维。通过临床见习培养学生的观察能力、分析能力和临床思维能力，为顺利进入毕业实习做好准备。

为提高临床医学生临床实习效果，丰富其专业理论知识，根据我校临床教学的实际情况，结合临床专业教学工作特点，特组织各学院医疗与教学一线骨干编写了这套临床见习系列教材，以期为医学生顺利完成实习任务，巩固课本知识，培养临床思维，提高综合技能水平提供帮助。

本套临床见习系列教材，涵盖了诊断学、医学影像学、内科学、外科学、麻醉学、妇产科学、儿科学、神经与精神病学、传染病学、眼科学、耳鼻咽喉头颈外科学、口腔科学、皮肤性病学、中医学 14 门临床医学专业内容；同时还编写了麻醉学专业、康复治疗学专业、护理学专业临床见习指导。

每册内容基本包括目的要求、预习内容、学时数、见习内容、思考题五部分。

本套丛书层次清晰，结构紧凑，内容衔接紧密，不失为医学生临床见习指导可选的一套优秀丛书。

由于时间仓促，一线医疗与教学骨干业务繁忙，内容难免出现纰漏之处，还望读者批评指正。

湖北医药学院
2016年8月1日

目　　录

见习一　神经系统检查方法、病史采集、腰椎穿刺术

【目的要求】

1. 正确掌握神经系统检查方法与病史来集。

2. 掌握腰椎穿刺的适应证、禁忌证及方法。

3. 熟记神经系统检查内容。

【预习内容】

《神经病学》(第 7 版) 第四章第一、二节；第五章第一节。

【学时数】

2 学时。

【见习安排】

1. 先让学生观看示教片，再由老师用 1～1.5 小时示教神经系统检查方法，逐步熟悉神经系统检查内容、方法及正确的姿势。

2. 病史采集由带教老师指导，以 2 个学生为一个小组，用 40～50 分钟对患者进行病史采集。在病史采集过程中，应指导学生把握现病史的几大要素。

3. 由带教老师带领学生观摩腰穿检查。

【见习内容】

主要包括病史的采集、神经系统体格检查以及各种辅助检查。

（一）病史采集

神经系统疾病的病史采集方法，基本上与一般内科疾病相同，让患者自己陈述起病经过，耐心倾听，不宜中断，除非患者讲得离题太远才加以引导，等患者说完后将需要补充的问题再提出来询问。

1. 主诉　患者自述的主要痛苦，也是患者就诊的主要原因，抓住其主要的症状，存在的部位、形式和持续的时间，主诉的记录不应以诊断名词来记录。

2. 现病史　是围绕主诉对疾病过程的进一步叙述，对待某些易于接受暗示的患者要尽力避免带有暗示性的提问方法，以免造成一种虚假的典型症状。

（1）症状的发生情况。

（2）症状的特点。

（3）症状的发展和演变。

（4）伴随症状及相互关联。

（5）既往诊疗情况。

（6）与现病有关的其他疾病情况。

（7）病程中的一般情况。

3. 过去病史　应注重系统、全面。

4. 个人史、婚姻生育史　个人史应从父母处问明患者在胚胎发育时间的状况；分娩过程有无窒息、缺氧或产伤；从出生到成年的发育情况；生活经历、职业爱好、嗜好等。婚育史包括结婚年龄、性生活、有无子女等情况。

5. 家族史　掌握家族史很重要，特别当怀疑疾病与遗传因素有关时就更有意义。

6. 神经系统疾病的常见症状　询问时的注意点简列如下：

（1）头痛：可能的原因、部位、发作性质、发作时间、频数、持续时间、播散范围、头痛加重或减轻的因素；并发的症状，如恶心、呕吐、发热等；先兆症状；对各种治疗的效果等。

（2）疼痛：询问内容大致同上。

（3）麻木：分布范围、性质（感觉减退、缺失、过敏或异常，冷热感，麻木感，痒，针刺感，触电感等）、持续时间、诱因、皮肤营养及出汗变化。

（4）抽搐：起病年龄、诱发因素、发作时间、频率、先兆、发作开始的部位，发作形式（是强直性、阵挛性还是不规则，是全身性还是局限性），伴随症状（意识情况，脸部及口唇有无发绀，是两眼上窜还是紧闭，有无咬舌或跌倒受伤，有无大小便失禁等），抽搐后症状，有无产伤、头颅外伤和脑炎、脑膜炎等病史，家族中有无同样患者，治疗经过及其效果等。

（5）瘫痪：发病原因、起病缓急、瘫痪部位，瘫痪性质及程度，瘫痪伴随症状。

（二）神经系统体格检查

一般检查、颅神经、感觉系统、运动系统、反射、脑膜刺激征以及自主神经系统功能等检查。

1. 一般检查　包括意识、精神状态、生命体征、体位、姿势、步态、皮肤黏膜、头颈部、躯干、四肢等检查。

（1）意识障碍：分为5级。

1）嗜睡：睡眠时间过度延长，可被唤醒，醒后可勉强配合检查及回答简单问题，刺激停止后又进入睡眠。

2）昏睡：较强刺激才能唤醒，可作含糊、简单而不完全答话，刺激停止后又进入熟睡。

3）浅昏迷：不能被唤醒，压眶有反应，吞咽反射、咳嗽反射、角膜反射以及瞳孔对光反射等存在，生命体征正常。

4）中昏迷：对强刺激的防御反射、角膜反射及瞳孔对光反射减弱，大小便潴留或失禁。呼吸、循环功能尚稳定。

5）深昏迷：眼球固定，瞳孔散大，所有的深浅反射及病理反射消失，生命体征出现障碍。

（2）精神状态：是否有认知、情感、意志、行为、智能障碍。

（3）头部与颈部

1）头部：大小、形态是否正常，是否有畸形，头部有无压痛，有无叩击痛，是否有大血管区血管杂音。

2）面部及五官：面部有无畸形、血管痣，眼睑有无下垂，有无鼻部畸形、口部唇裂、疱疹等。

3）颈部：两侧是否对称，有无颈强直及活动、姿态异常等。

4）躯干和四肢：脊柱有无前凸、后凸、侧弯畸形，有无脊柱强直和脊膜膨出；有无压痛和叩痛；是否有翼状肩；四肢有无肌萎缩、疼痛、压痛；有无指趾发育畸形、弓形足等。

2. 颅神经检查

（1）嗅神经：闭目，用香皂、牙膏和香烟等置于患者鼻孔处，让其说出气味或作出比较，主要是注意嗅幻觉。

（2）视神经

1）视力：远视力为 5m，近视力为 30cm 进行检查。

2）视野：手动法（对向法）粗略测试，患者与检查者相距约 1m 对面而坐，测试左眼时，受试者遮其右眼，左眼注视检查者右眼，检查者遮其左眼，用示指在两人中间等距离处分别从上内、下内、上外和下外等方位自周围向中央移动，直至受试者看到后告知。

3）眼底：检查右眼时，医生站在受试者右侧，右手持检眼镜用右眼观察眼底；左眼相反。正常眼底可见视盘呈圆形，边缘清楚，色淡红，动静脉比例为 2∶3，视网膜无渗出及出血等。视乳头水肿时边缘不清，有渗出或者出血，提示颅内压增高征。

（3）动眼、滑车、外展神经：共同支配眼球运动，同时检查。

1）外观：双侧眼裂有无增大或变窄，是否等大。上眼睑有无下垂，眼球有无外突或内陷、偏斜或同向偏斜、眼震等自发运动。

2）眼球运动：检查者竖示指，距受检者眼前约 30～40cm 处。嘱被检者头部不动，两眼注视检查者的示指，并随其向内、外、上、下、内上、内下、外上、外下各方向转动。注意眼球运动受限方向及程度，有无复视和眼球震颤。

3）瞳孔：正常瞳孔圆形、居中、两侧等大，随光线强弱而缩小与扩大，正常瞳孔直径约 3～

4mm。小于 2mm 为瞳孔缩小，大于 5mm 为瞳孔扩大。检查对光反射，以手电筒从侧面由外向内分别照射瞳孔，感光侧的瞳孔缩小，称直接对光反射；未直接受光照的瞳孔也缩小，则称间接对光反射。意义：上睑下垂与眼球运动向内、向上及向下活动受限见于动眼神经麻痹；眼球向下、向外运动减弱见于滑车神经损害；眼球向外转动障碍见于展神经受损；瞳孔反射异常提示动眼神经或视神经受损。

（4）三叉神经支配面部感觉及咀嚼肌运动。

1）面部感觉：三叉神经的感觉纤维分布在面部皮肤及眼、鼻与口腔黏膜。常以针刺检查痛觉，棉签末端搓成的细毛检查触觉，冷热水试管检查温度觉。两侧及内外对比，随时询问患者的感觉反应是否减退、消失或过敏。角膜反射障碍也为三叉神经功能受损的表现。

2）咀嚼运动：受三叉神经的运动纤维支配。双手触按被检者颞肌、咬肌，嘱被检者作咀嚼动作，对比双侧肌力强弱；再嘱被检者作张口运动，观察张口时下颌有无偏斜。当翼状肌瘫痪时，下颌偏向病侧。

（5）面神经支配面部表情肌运动以及舌前 2/3 味觉纤维。

1）视诊：观察额纹及鼻唇沟是否变浅，眼裂是否增宽，口角是否低垂或歪向一侧。

2）运动：嘱患者做蹙额、皱眉、闭眼、示齿、鼓腮或吹哨动作，比较两侧的对称性。面神经功能受损时同侧这些动作均有障碍。

3）味觉：患者伸舌，用棉签蘸少许食糖、食盐或醋等溶液，轻涂于一侧舌前 2/3 部位，先试可疑侧，再试另一侧。周围性面神经损害者则舌前 2/3 味觉障碍。

4）反射：周围性面瘫时角膜反射及眼轮匝肌反射减低。

（6）位听神经分为蜗神经和前庭神经两部分。

1）蜗神经：是检查听神经的功能，用耳语、表声或音叉试验。

Rinne 试验：正常时气导＞骨导的 2 倍，称 Rinne 试验阳性。传导性耳聋时骨导>气导；感音性耳聋时气导>骨导，但两者时间均缩短。

Weber 试验：将音叉（128Hz）置于患者颅顶正中比较双侧骨导，正常时感觉声音位于正中。传导性耳聋时患侧较响，称 Weber 试验阳性；感音性耳聋健侧较响，称 Weber 试验阴性。

2）前庭神经：观察自发性症状如眩晕、呕吐、眼球震颤和平衡障碍等。

（7）舌咽神经、迷走神经两者在解剖与功能上关系密切，常同时受损。

1）运动：发音是否嘶哑或带鼻音，是否呛咳，有无吞咽困难。嘱患者张口，观察腭垂是否居中，两侧软腭高度是否一致，患者发“啊”音时两侧软腭上抬是否对称，腭垂有无偏斜。当一侧舌咽、迷走神经受损时，该侧软腭上提减弱，腭垂偏向健侧。检查咽反射时，用压舌板轻压左侧或右侧咽后壁，正常者可有恶心反应，有神经损害者则反射迟钝或消失。

2）感觉：舌后 1/3 的味觉减退为舌咽神经损害，检查方法同面神经。

（8）副神经：检查胸锁乳突肌与斜方肌有无萎缩，嘱被检者对抗阻力作耸肩及转颈运动，比较两侧肌力。一侧副神经受损时，向对侧转头和病侧耸肩无力。

（9）舌下神经：观察有无舌肌萎缩及肌束颤动，伸舌有无偏斜。一侧麻痹时伸舌偏向病侧，双侧麻痹者则不能伸舌。

3. 运动系统检查　包括肌容量、肌张力、肌力、不自主运动、共济运动、姿势及步态等。

（1）肌容量：观察和比较双侧对称部位肌肉外形及体积，有无肌萎缩、假性肥大及分布范围。测量肢体相同部位的周径，相差多于 1cm 者为异常。

（2）肌张力：指肌肉松弛状态的紧张度和被动运动时遇到的阻力。分肌张力降低和肌张力增高。

1）肌张力减低：表现肌肉弛缓柔软，被动运动阻力减低，关节活动范围扩大。

2）肌张力增高：表现肌肉较硬，被动运动阻力增加，关节活动范围缩小，见于锥体系和锥体外系病变。前者表现为痉挛性肌张力增高，上肢屈肌和下肢伸肌张力增高明显，被动运动开始时阻力大，终了时变小，称为折刀样肌张力增高；后者表现为强直性肌张力增高，伸肌与屈肌张力均增高，向各方向被动运动时阻力均匀，称为铅管样（不伴震颤）或齿轮样肌张力增高（伴震颤）。

记录：降低、正常、增高、痉挛、折刀样、强直、齿轮样、铅管样升高。

（3）肌力：指肌肉的收缩力，检查时一般以关节为中心检查肌群的伸、屈、外展、内收、旋前和旋后等功能，令患者作肢体伸屈动作，检查者从相反方向测试被查者对阻力的克服力，并注意两侧对比。但对单神经损害（如尺神经、正中神经、桡神经、腓总神经）和局限性脊髓前角病变（如脊髓前角灰质炎），需要对相应的单块肌肉分别进行检查。

1）记录：分6级（0～5级记录法）

0级：完全瘫痪，肌肉无收缩。

1 级：肌肉可收缩，但不能产生动作。

2 级：肢体能在床面上移动，但不能抵抗自身重力。

3 级：肢体能抵抗重力离开床面，但不能抵抗阻力。

4 级：肢体能作抗阻力动作，但未达到正常。

5 级：正常肌力。

2）肌群肌力测定　可分别选择下列运动：①肩：外展、内收；②肘：屈、伸；③腕：屈、伸；④指：屈、伸；⑤髋：屈、伸、外展、内收；⑥膝：屈、伸；⑦踝：背屈、跖屈；⑧趾：背屈、跖屈；⑨颈：前屈、后伸；⑩躯干：仰卧位抬头和肩，检查者给予阻力，观察腹肌收缩力；俯卧位抬头和肩，观察脊旁肌收缩力。

3）轻瘫检查法：不能确定的轻瘫可用以下方法检查：①上肢平伸试验：双上肢平举，手心向上，轻瘫侧上肢逐渐下垂和旋前（掌心向内）；②Barre 分指试验：相对分开双手五指并伸直，轻瘫侧手指逐渐并拢屈曲、③小指征：双上肢平举，手心向下，轻瘫侧小指常轻度外展；④Jackson 征：仰卧位双腿伸直，轻瘫侧下肢常呈外旋位；⑤下肢轻瘫试验：仰卧位，双膝、髋关节均屈曲成直角，轻瘫侧小腿逐渐下落。

4）临床意义：不同程度的肌力减退可分别称为完全性瘫痪和不完全性瘫痪（轻瘫）。不同部位或不同组合的瘫痪可分别命名为：①单瘫：单一肢体瘫痪；②偏瘫：为一侧肢体（上、下肢）瘫痪，常伴有同侧脑神经损害；③交叉性偏瘫：病灶同侧颅神经周围性瘫及对侧肢体中枢性瘫，是脑干损伤的特征性瘫痪；④截瘫；为双下肢瘫痪，是脊髓横贯性损伤的结果，见于脊髓外伤、炎症等。

（4）不自主运动：随意肌收缩所产生的一些无目的的异常动作，多数为锥体外系损害的表现。包括震颤、肌束颤动、抽搐、肌阵挛、舞蹈样运动、手足徐动、扭转痉挛和肌张力障碍等。

1）震颤：两组拮抗肌交替收缩引起的不自主动作，可有以下几种类型：①静止性震颤：静止时出现，活动时减轻，睡眠时消失，常伴肌张力增高，见于震颤麻痹；②动作性震颤：动作时发生，愈近目标震颤愈明显，称意向性震颤，多见于小脑疾病；运动完成，肢体和躯干保持某种姿势时出现震颤，称姿势性震颤，常见于特发性震颤、酒精中毒、肝性脑病及肝豆状核变性等。

2）舞蹈样运动：肢体大关节的快速、无目的、不对称的运动，类似舞蹈动作，安静时减轻，睡眠时消失。该运动也可发生在面部，犹如做鬼脸，多见于儿童期小舞蹈病。

3）手足徐动症：上肢远端的游走性肌张力增高或降低，而产生手腕及手指做缓慢交替性的伸屈动作。见于脑炎、核黄疸、肝豆状核变性和播散性脑脊髓炎等。

（5）共济运动：机体任一动作的完成均依赖于某组肌群协调一致的运动。协调主要靠小脑的功能，前庭神经、视神经、深感觉及锥体外系均参与作用。

1）指鼻试验：嘱受试者用示指尖触及前方距其 0.5m 检查者的示指，再触及自己的鼻尖，用不同方向、速度、睁眼与闭眼反复进行，观察有无不准确及震颤；指鼻不准提示同侧小脑半球病变；睁眼时指鼻准确，闭眼时出现障碍提示感觉性共济失调。

2）反跳试验（反击征）：嘱患者收肩屈肘，检查者用力拉其腕部，然后突然松手。正常人由于对抗肌的拮抗作用，不会击中自己。小脑病变患者由于缺少这种拮抗作用，屈曲的前臂可反击到自己的身体。

3）快复轮替试验：嘱患者用前臂快速旋前和旋后，或一手用手掌、手背连续交替拍打对侧手掌，或用足趾反复快速叩击地面等。小脑性共济失调患者动作笨拙，节律慢而不协调，称轮替运动障碍。

4）跟-膝-胫试验：受检查仰卧位，上举一侧下肢，用足跟触及对侧膝盖，再沿胫骨前缘下移。正常时快速并准确；小脑损害时，动作不准；感觉性共济失调者则闭眼时足跟难寻到膝盖。

5）闭目难立征试验：被检者双足并拢站立，双手向前平伸、闭目，若出现身体摇晃或倾斜则为阳性。如睁眼时能站稳而闭眼时站立不稳，则为感觉性共济失调。睁闭眼均站立不稳，提示小脑或前庭病变。

6）起坐试验：取仰卧位，双手交叉置于胸前，不用支撑试行坐起，正常人躯干屈曲并双腿下压，小脑病变患者双下肢向上抬离床面，起坐困难，称联合屈曲征。

（6）姿势与步态

1）痉挛性偏瘫步态：上肢屈曲、内收、旋前，下肢伸直、外旋、向外前摆动，行走时呈划圈样步态，多见于中风。

2）痉挛性截瘫步态：患者双下肢强直内收，呈剪刀样步态，多见于脑瘫、脊髓外伤患者。

3）慌张步态：行走时躯体前屈，头向前探，肘、腕和膝关节屈曲，起步困难，小步态前冲，多见于帕金森病。

4）醉酒步态：步态不规则、笨拙、不稳定，左右摇晃，多见于醉酒或巴比妥类中毒。

5）跨阈步态：垂足，行走时患肢抬高，如跨门槛样，见于腓总神经麻痹、腓骨肌萎缩和进行性肌萎缩症。

6）摇摆步态（鸭步）：行走时躯干部，特别是臀部左右摇摆状如鸭步，多见于肌营养不良。

7）小脑步态：行走时双腿分开，步基宽大，站立时向一侧倾倒，行走不稳且向一侧偏斜。

4. 感觉系统检查　被检查者应闭目，采取左右、近远端对比的原则，自感觉缺失部位查向正常部位，自肢体远端查向近端，必要时重复检查，避免暗示性提问，以获取准确的资料。检查者应耐心细致，使患者充分配合。

（1）浅感觉：痛觉用大头针轻刺皮肤，询问是否疼痛；触觉用棉絮或软纸片轻触皮肤，询问有无感觉；温度觉用装冷水和热水的玻璃试管，分别轻触皮肤进行辨别。如痛、触觉无改变，一般可不必再查温度觉。如有感觉障碍，应记录部位和范围。

（2）深感觉检查：运动觉患者闭目，检查者用手指轻轻夹住患者手指或足趾两侧，上下移动 5°左右，让患者辨别向上，向下移动；位置觉患者闭目、检查者将肢体摆成某一姿势，请患者描述该姿势或用对侧肢体模仿；振动觉将振动的 128Hz 音叉柄置于骨隆起处，如手指、桡尺骨茎突、鹰嘴、锁骨、足趾、内外踝、胫骨、膝、髂前上棘和肋骨等处，询问有无振动感，两侧对比。

（3）复合皮层觉检查：只有在深浅感觉正常情况下，该感觉异常才有临床意义。包括定位觉、两点辨别觉、图形觉、实体觉等。

1）定位觉：患者闭目，用手指或棉签轻触患者皮肤后，让其指出受触的部位。

2）两点辨别觉：患者闭目，用分开一定距离的钝双脚规接触皮肤，如患者感觉为两点时再缩小间距，直至感觉为一点为止，两点须同时刺激，用力相等：正常值指尖为 2～4mm，手背 2～3cm，躯干 6～7cm。

3）图形觉：患者闭目，用钝针在皮肤上画出简单图形，如三角形、圆形或，“1、2、3”等数字，让患者辨出，应双侧对照。

4）实体觉：患者闭目，令其用单手触摸常用物品如钥匙、纽扣、钢笔、硬币等，说出物品形状和名称。两手比较。

5. 反射检查　包括深反射、浅反射、阵挛和病理反射等。

（1）深反射：刺激骨膜、肌腱，经深部感受器完成的反射称深反射，又称腱反射。

记录：消失、减弱、正常、活跃、亢进。或者：(－)、(＋)、(++)、(+++)、(++++)。

1）肱二头肌反射：被检者肘部屈曲 90°，检查者以左拇指置于被检者肘部肱二头肌肌腱上，然后右手持叩诊锤叩击左拇指指甲，使肱二头肌收缩，引出屈肘动作。反射中枢为颈髓 5～6 节。

2）肱三头肌反射：被检者外展上臂，半屈肘关节。检查者用左手托住其上臂，右手用叩诊锤直接叩击鹰嘴上方的肱三头肌腱，可使肱三头肌收缩，引起前臂伸展。反射中枢为颈髓 6～7 节。

3）桡骨膜反射：被检者前臂置于半屈半旋前位，医生以左手托住其腕部，并使腕关节自然下垂，随即以叩诊锤叩击桡骨茎突，可引起肱桡肌收缩，发生屈肘和前臂旋前动作。反射中枢在颈髓 5～8 节。

4）膝反射：坐位检查时，被检者小腿完全松弛下垂，卧位检查则患者仰卧，检查者以左手托起其膝关节使之屈曲约 120°，用右手持叩诊锤叩击膝盖髌骨下方股四头肌肌腱，可引起小腿伸展。反射中枢在腰髓 2～4 节。

5）踝反射：又称跟腱反射。患者仰卧，屈膝约 90°，下肢取外旋外展位。检查者左手将被检者足部背屈成直角，以叩诊锤叩击跟腱，反应为腓肠肌收缩，足跖屈。反射中枢为骶骨 1～2 节。

6）阵挛：深反射亢进时，用力使相关肌肉处于持续性紧张状态，该组肌肉发生节律性收缩，称为阵挛。①髌阵挛：患者仰卧，下肢伸直，检查者用拇、示两指捏住髌骨上缘，突然而迅速向下方推动，髌骨发生连续节律性上下颤动；②踝阵挛：检查者用左手托腘窝，右手握足前部突然推向背屈，并用手维持压于足底，跟腱发生节律性收缩，导致足部交替性屈伸动作。

7）霍夫曼（Hoffmann）征：检查者左手持被检者腕部，然后以右手中指与示指夹住患者中指并稍向上提，使腕部处于轻度过伸位。以拇指迅速弹刮被检者的中指指甲，引起拇指屈曲内收为阳性，较多见于颈髓病变或腱反射活跃的正常人。

（2）浅反射：是刺激皮肤、黏膜、角膜等引起的肌肉快速收缩反应。

1）腹壁反射：患者仰卧，双下肢略屈曲使腹肌放松，用钝针沿肋弓下缘（$T_{7\sim8}$）、脐水平（$T_{9\sim10}$）和腹股沟上（$T_{11\sim12}$）平行方向，由外向内轻划两侧腹壁皮肤，反应为该侧腹肌收缩，脐孔向刺激部分偏移，分别为上、中、下腹壁反射。肥胖和经产妇可能检查不出。

2）提睾反射：用钝针自上向下轻划大腿上部

内侧皮肤，反应为该侧提睾肌收缩使睾丸上提。

3）肛门反射：用钝针轻划肛门周围皮肤，反射为肛门外括约肌收缩。

4）跖反射：用棉签轻划足底外侧，自足跟向前至小趾根部足掌时转向内侧，足趾跖屈。

（3）病理反射：锥体束病损时，大脑失去了对脑干和脊髓的抑制作用而出现的异常反射。1 岁半以内的婴幼儿由于神经系统发育未完善，也可出现这种反射，不属于病理性。深睡眠、昏迷及巴妥类药物中毒时可有病理征阳性。

记录：阳性（+）；阴性（–）。

1）巴宾斯基（Babinski）征：检查方法同跖反射。阳性反应为拇趾背屈，可伴有其他足趾扇形展开。

2）查多克（Chaddock）征：由外踝下方向前划至足背外侧，拇趾背屈，可伴有其他足趾扇形展开为阳性。

3）奥本海姆（Oppenheim）征：用拇指和示指沿胫骨前缘自上向下用力下滑，拇趾背屈，可伴有其他足趾扇形展开为阳性。

4）戈尔登（Gordon）征：用手挤压腓肠肌，拇趾背屈，可伴有其他足趾扇形展开为阳性。

6. 脑膜刺激征　为脑膜受激惹的体征，见于脑膜炎、蛛网膜下腔出血、脑炎、脑水肿和颅内压增高等。

1）颈强直：被检者仰卧，颈部放松，检查者左手托被检者枕部，右手置于胸前作屈颈动作检查。被动屈颈时如抵抗力增强，即为颈部阻力增高或颈强直。在除外颈椎或颈部肌肉局部病变后即可认为有脑膜刺激征。

2）克匿格征（Kernig sign）：患者仰卧屈髋屈膝成直角，检查者于膝关节处试行伸直小腿，如伸直受限并出现疼痛，下肢大、小腿夹角小于135°，称克匿格征阳性。

3）布鲁津斯基征（Brudzinski sign）：被检者仰卧，下肢伸直，检查者一手托起被检者枕部，另一手按于其胸前。当头部被动前屈时，双髋与膝关节同时屈曲则为阳性。

（三）腰椎穿刺术

1. 适应证

（1）中枢神经系统疾病的诊断与鉴别。

（2）用于辨别有无蛛网膜下腔梗阻。

（3）动态观察脑脊液变化以判断病情、预后及指导治疗。

（4）通过注射对比剂行脑、脊髓扫描。

（5）注入液体或放出脑脊液以维持、调整颅内压平衡，麻醉或鞘内注射某种治疗用药物。

2. 禁忌证

（1）穿刺部位的软组织化脓性感染、脊椎结核或开放性损伤。

（2）严重颅内压增高和明显视盘水肿者，或已有脑疝迹象，特别是怀疑后颅窝肿瘤。

（3）脊髓压迫症时脊髓功能处于即将丧失的临界状态。

（4）明显出血倾向或应用肝素等致出血倾向及血小板 $<50\times10^9/L$ 者。

另外，对休克或濒临休克，或躁动不合作者，不宜行腰椎穿刺。

3. 操作方法

（1）体位：患者侧卧于床缘，头位最好在术者左侧，背部与床面垂直，屈颈抱膝，双下肢尽量屈曲，头向前屈，尽量使腰椎间隙增宽，脊柱应与检查台面平行。

（2）定位：确定双侧髂棘最高点连线与脊柱中线相交处相当的腰椎棘突，一般为第 4 腰椎棘突。在其上面的间隙即第 3、4 腰椎间隙，在其下面的间隙即第 4、5 腰椎间隙。

（3）消毒：用络合碘常规消毒局部皮肤，戴无菌手套，铺上消毒洞巾。

（4）麻醉：用 2%利多卡因或 1%～2%普鲁卡因（后者需作过敏试验）1～2ml 在穿刺点做皮内、皮下浸润麻醉，将针头刺入韧带后在向外抽出的同时注入麻药。注意回抽时注射器内无血。

（5）穿刺：用 9 号（儿童用 7 号）腰椎穿刺针于穿刺点穿刺。用左手固定穿刺点周围皮肤，右手持针，针头斜面向上刺入皮下，方向与背平面横轴垂直，针管向背平面纵轴尾端略斜。缓慢刺入韧带时可感受一定阻力，当阻力突然降低时（一般成人为 4～6cm，但应根据患者年龄及体型胖瘦而异）提示穿刺针已进入蛛网膜下腔。

（6）测压：进入椎管后，抽出针芯，可见脑脊液滴出。接上测压管（表），嘱病人肌肉放松，张口呼吸，观察测压管（表）水柱上升情况，待水柱稳定后记下压力读数。

正常压力：侧卧位 80～180mmH_2O，大于 200mmH_2O 为颅内压增高，小于 80mmH_2O 为降低。

（7）取脑脊液：拔掉测压管，滴出需要数量的脑脊液送化验。第 1 管收集脑脊液 3～5ml，做生物化学和细菌学检查，第 2 管收集 1～2ml 做常规检查。如压力显著高于正常时不应放脑脊液，以防发生脑疝，应立即拔出穿刺针取压力管内脑脊液送化验。

（8）拔出穿刺针后穿刺点消毒，用消毒纱布覆盖穿刺处并稍加压迫防止出血，再用胶布固定后令患者去枕平卧 6 小时。

4. 压颈试验　即奎肯(Queekenstedt test)试验，是压迫颈静脉，以检查脊髓蛛网膜下腔有无梗阻及梗阻程度的试验方法。

（1）操作方法：先用血压计气袋将患者颈部缠好，腰穿成功后，测量脑脊液初压。然后将血压计充气至 20mmHg 压力，每 5 秒测压 1 次，至不再升高为止，或持续 30 秒，再迅速放出气袋内空气，仍继续每 5 秒测压 1 次，至压力不再下降为止。再按上述方法，将血压计分别再充气至 40mmHg 及 60mmHg。将 3 次试验结果绘制曲线图进行分析。

（2）结果分析

1）管内无梗阻：正常人侧卧位脑脊液压力为 80～180mmH_2O，在加压后 15～20 秒时，应迅速上升至最高点 200～250mmH_2O；当颈部加压至 60mmHg 时，脑脊液压力常可升高至 400～500mmH_2O。放松颈部压力后，脑脊液压力则迅速下降至初压水平。

2）部分梗阻：加压试验时，脑脊液压力上升或下降均缓慢；或上升快、下降慢；或解除压力后，脑脊液压力未能降至初压水平。

3）完全梗阻：压颈试验时脑脊液压力无改变或仅轻度上升。

5. 病情记录　详细记录穿刺过程，脑脊液外观及标本处理，记录病情发展，如有并发症，应及时处理。

6. 并发症　脑疝形成、低颅压头痛、腰部疼痛和神经根痛，少见的如感染、硬脊膜外或蛛网膜下腔出血等。

7. 脑脊液检查

（1）常规检查

1）形状：正常为无色透明的液体，如为红色，表示混有血液；若呈白色，多为化脓性脑膜炎的结果。

2）细胞数：（0～5）$\times 10^6$/L，多为单个核细胞。

3）潘迪（Pandy）试验：正常为阴性。

（2）生化检查：蛋白质 0. 15～0. 45g/L，糖 2. 5～4. 4mmol/L，氯化物 120～130mmol/L。

（周青珍）

见习二　偏　头　痛

【目的要求】

1. 掌握偏头痛的临床表现、诊断、鉴别诊断、治疗与预防。

2. 熟悉偏头痛的病因、发病机制。

【预习内容】

预习《神经病学》(第7版)第七章第一节偏头痛。

【学时数】

1学时。

【见习安排】

1. 教师结合典型病人讲授偏头痛病人的临床特征、病史采集、体格检查要点，组织学生观摩学习神经内科的专科检查等操作方法，帮助学生系统掌握神经内科体格检查的特点、步骤及方法，培养学生专科的临床诊疗思维。

2. 学生在预习理论内容基础上结合病例掌握偏头痛的临床特征、诊断及鉴别诊断，通过阅读病历、观察病人逐步掌握神经内科的专业特点，培养自身的专科临床思维。

3. 考核：①完成一份偏头痛病人的大病历。②结合患者的具体实际，教师以提问的方式了解学生学习情况。完成见习报告。

【见习内容】

1. 偏头痛的临床特点

（1）症状

1）2/3 以上的患者为女性，早年发病，有偏头痛家族史。

2）发作前数小时至数日常伴恶心、呕吐、畏光、畏声、抑郁和倦怠等前驱症状。

3）部分患者有视觉先兆或其他先兆。

4）发作频率从每周至每年 1 次至数次不等，偶可见持续性发作。

5）一侧颞部或眶后搏动性头痛，或为全头痛、单或双侧额部头痛及不常见的枕部头痛等。

（2）体征

1）典型偏头痛发作期有时可见颞动脉突出，普通型偏头痛发作时常有头皮触痛。

2）一般无神经系统阳性体征。特殊类型偏头痛发作期或头痛消退后可伴有明显神经功能缺损，如偏瘫、偏侧感觉障碍、失语或视觉障碍等。

2. 偏头痛主要类型

（1）典型偏头痛：临床典型病例可分 3 期。

1）先兆期：最常见为视觉先兆，其次为躯体感觉先兆，运动先兆较少。

2）头痛期：伴先兆症状同时或随后出现一侧颞部或眶后搏动性头痛，或全头痛、单或双侧额部头痛及不常见的枕部头痛等。常伴恶心、呕吐、畏光或畏声、易激惹；气味恐怖及疲劳感等。可见颞动脉突出，头颈部活动使头痛加重，睡眠后减轻。

3）头痛后期：头痛消退后常有疲劳、倦怠、无力和食欲差等，1～2 日即可好转。

（2）普通偏头痛：最常见。无典型的先兆，常为双侧颞部及眶周疼痛，可为搏动性，疼痛持续时伴颈肌收缩。发作时常有头皮触痛。压迫同侧颈动脉或颞浅动脉可使头痛程度减轻。

（3）偏瘫型偏头痛：多在儿童期发病。偏瘫可为偏头痛的先兆症状，可单独发生，亦可伴偏侧麻木、失语，偏头痛消退后偏瘫可持续 10 分钟至数周不等。

（4）基底型偏头痛：儿童和青春期女性较多见。出现头重脚轻、眩晕、复视、眼球震颤、耳鸣、构音障碍、双侧肢体麻木、共济失调、意识改变、跌倒发作和黑矇等脑干和枕叶症状，但无运动无力症状。多见视觉先兆，持续 20～30 分钟，后出现枕部搏动性头痛，常伴恶心、呕吐。

（5）偏头痛等位症：老年人和儿童可出现反复发作症状，如眩晕、呕吐、腹痛、腹泻、肢体和关节痛，不伴头痛发作。

（6）眼肌麻痹型偏头痛：较少见。偏头痛发作开始时或发作后头痛逐渐消退之际，头痛侧出现眼肌麻痹，动眼神经最常受累，亦可同时累及滑车和外展神经。

（7）晚发型偏头痛：45 岁以后发病，发作性头痛可伴反复发作的偏瘫、麻木、失语或构音障碍等，发作时神经功能缺失症状基本相同，持续 1 分钟至 72 小时。

（8）偏头痛持续状态：偏头痛发作持续时间在 72 小时以上，其间可有短于 4 小时的缓解期。

3. 辅助检查

（1）头颅 CT、MRI、MRA 正常。

（2）脑电图：正常。

（3）腰椎穿刺检查：脑脊液检查正常。

4. 诊断思路

（1）偏头痛发作的临床表现。

（2）常有家族史。

（3）神经系统检查正常。

5. 鉴别诊断

（1）丛集性头痛：有反复密集发作的特点。发病年龄平均 25 岁，男性多见。始终为单侧眼眶周围头痛，并在同侧再发。

（2）血管性头痛：无典型偏头痛发作过程，部分病例有局限性神经功能缺失体征，癫痫发作或认知功能障碍，颅脑 CT、MRI 及 DSA 检查可显示病变。

（3）痛性眼肌麻痹：是海绵窦特发性炎症伴头痛和眼肌麻痹。壮年多见。表现为眼球后及眶周的顽固性胀痛、刺痛和撕裂样疼痛，常伴恶心和呕吐，数日后出现疼痛侧动眼、滑车或外展神经麻痹。皮质激素如泼尼松治疗有效。

（4）偏头痛性脑梗死：根据偏头痛渐进性病程和自发消退两个特点可与脑卒中区别。

6. 急性发作期的治疗　急性偏头痛发作常用止痛剂：对乙酰氨基酚、萘普生、布洛芬等。无效可用麦角制剂或曲普坦类。

（1）曲普坦类：舒马普坦、佐米普坦等。

（2）镇静药：如苯二氮䓬类。

（3）麦角类：麦角胺。经常大量服用可引起高血压和肢体缺血性坏死。严重高血压、孕妇及心脏病患者禁用。

7. 预防性治疗频繁发作

（1）ß 受体阻滞剂：普萘洛尔（心得安），有哮喘、房室传导阻滞和心力衰竭病史者禁用。

（2）抗抑郁药：可用阿米替林、丙咪嗪、舍曲林和氟西汀等。

（3）抗癫痫药：丙戊酸、卡马西平等，应逐渐加量，妊娠时禁忌。

（4）钙拮抗剂：氟桂利嗪，对普通型和典型偏头痛均有效。

【思考题】

1. 典型偏头痛及普通偏头痛的主要临床特征有哪些？如何治疗？

2. 偏头痛如何与丛集性头痛鉴别？

（周青珍）

见习三 脑 血 管 病

一、短暂性脑缺血发作

【目的要求】

1. 掌握短暂性脑缺血发作的临床表现、诊断、鉴别诊断和治疗原则。

2. 了解正常脑部血管特点和血供范围。

【预习内容】

预习《神经病学》(第 7 版)的第八章第一节短暂性脑缺血发作。

【学时数】

0. 5 学时。

【见习安排】

1. 教师结合典型病人讲授 TIA 病人的临床特征、病史采集要点，组织学生观摩学习神经内科的专科检查，帮助学生系统掌握神经内科体格检查的特点、步骤及方法，培养学生专科的临床诊疗思维。

2. 学生在预习理论内容基础上结合病例掌握 TIA 的临床特征、诊断及鉴别诊断，通过阅读病历、观察病人逐步掌握神经内科的专业特点，培养自身的专科临床思维。

3. 考核：①完成一份 TIA 病人的大病历。②结合患者的具体实际，教师以提问的方式了解学生学习情况。

【见习内容】

1. 短暂性脑缺血发作的临床特点

（1）症状

1）多发于中老年人（50～70 岁），男性较多。

2）发病突然，迅速出现局灶性脑或视网膜功能障碍，数分钟达到高峰，持续数分钟或十余分钟缓解，在 24 小时内完全恢复，不遗留后遗症。

3）反复发作，每次发作症状相似。

4）常合并高血压、糖尿病、心脏病和高脂血症等。

（2）体征

1）患者常意识清楚。

2）单肢瘫或一侧肢体轻瘫；交叉性瘫痪。

3）单肢或一侧肢体感觉减退。

4）失语。

（3）常见临床类型及特点

1）颈内动脉系统 TIA：①对侧偏身麻木或感觉减退；②对侧同向性偏盲；③主侧半球受累出现失语症；④眼动脉交叉瘫（病变侧单眼一过性黑矇、失明，对侧肢体偏瘫及感觉障碍）；⑤霍纳征交叉瘫；⑥通常持续时间短，发作频率少，发病较多的患者易进展为脑梗死。

2）椎-基底动脉系统 TIA：①眩晕、平衡障碍，少数伴耳鸣；②跌倒发作；③短暂性全面性遗忘症（TGA）；④双眼视力障碍；⑤急性发生的吞咽困难、饮水呛咳及构音障碍；⑥小脑性共济失调；⑦一侧或双侧面、口周麻木及交叉性感觉障碍；⑧眼外肌麻痹及复视；⑨交叉性瘫痪；⑩持续时间长，发作频率高。

2. 辅助检查

（1）血常规及血生化检查：血糖、血脂、纤维蛋白原可能升高。

（2）EEG、CT 或 MRI 检查：大多检查正常。

（3）数字减影血管造影（DSA）检查：报告可见颈内动脉粥样硬化斑块、狭窄等。

（4）彩色经颅多普勒（TCD）脑血流检查：可显示血管狭窄、动脉粥样硬化斑，发作频繁的 TIA 患者可行微栓子监测。

3. 诊断思路

（1）大多数 TIA 患者就诊时症状已消失，诊断主要依靠病史。

（2）典型神经功能缺损症状体征，但不超过 24 小时完全缓解，不遗留后遗症。

（3）反复发作，症状类似。

（4）头颅 CT、MRI 未见责任病灶。

4. 鉴别诊断

（1）可逆性缺血性神经功能缺损（RIND）。

（2）部分性癫病。

（3）内耳性眩晕。

（4）晕厥和阿-斯综合征。

5. 治疗原则　消除病因，减少或预防复发，保护脑功能。

（1）病因治疗

1）病因明确者应针对病因治疗，控制卒中危险因素、如动脉粥样硬化、高血压、心脏病、糖尿病、高脂血症和颈椎病等，消除微栓子来源和血流动力学障碍。

2）戒除烟酒，坚持体育锻炼等。

（2）药物治疗

1）抗血小板聚集药：①阿司匹林；②氯吡格雷；③双嘧达莫（潘生丁）。

2）抗凝药物：房颤患者使用华法林。

3）血管扩张药。

4）脑保护治疗：①尼莫地平；②氟桂利嗪。

5）脑血管严重狭窄的，可酌情选择血管内介入治疗。

【思考题】

颈内动脉系统及椎-基底动脉系统 TIA 的常见症状、特征症状及可能出现的症状是什么？

二、脑血栓形成

【目的要求】

掌握脑血栓形成的临床表现、诊断、鉴别诊断和治疗原则。

掌握脑梗死头颅 CT 及 MRI 片影像学特点。

【预习内容】

预习《神经病学》(第 7 版)的第八章第二节脑梗死。

【学时数】

0.5 学时。

【见习安排】

1. 教师结合典型病人讲授脑血栓形成病人的临床特征、病史采集、体格检查要点，组织学生观摩学习神经内科的专科检查，帮助学生系统掌握神经内科体格检查的特点、步骤及方法，培养学生专科的临床诊疗思维。

2. 学生在预习理论内容基础上结合病例掌握脑血栓形成的临床特征、诊断及鉴别诊断，通过阅读病历、观察病人逐步掌握神经内科的专业特点，培养自身的专科临床思维。

3. 考核：①完成一份脑血栓形成病人的大病历。②结合患者的具体实际，教师以提问的方式了解学生学习情况。

【见习内容】

1. 脑血栓形成的临床特点

（1）症状

1）多见于患有动脉硬化的中老年人，或伴有高血压、冠心病、糖尿病等的中老人，动脉炎以中青年多见。

2）常在安静或睡眠中发病。

3）出现言语障碍、一侧肢体麻木、无力等。

4）部分患者有 TIA 的前驱症状。

5）多在发病后 10 余小时或 1～2 日达高峰。

（2）体征

1）患者意识清楚或轻度意识障碍。

2）单肢瘫、一侧肢体轻瘫或完全性瘫痪、交叉性瘫痪。

3）单肢或一侧肢体感觉减退。

4）优势半球梗死出现言语障碍，可不完全失语或完全性失语。

（3）常见脑梗死临床综合征

1）颈内动脉闭塞综合征：①单眼一过性黑矇或 Horner 征；②对侧偏瘫、偏身感觉障碍或同向性偏盲等三偏征；③优势半球受累伴失语症，非优势半球受累可有体象障碍；④颈动脉搏动减弱或血管杂音，亦可出现晕厥发作或痴呆。

2）椎-基底动脉闭塞综合征：引起脑干梗死，出现眩晕、呕吐、四肢瘫、共济失调、昏迷和高热等。中脑受累出现中等大固定瞳孔，脑桥病变出现针尖样瞳孔。

3）小脑后下动脉或椎动脉闭塞综合征（延髓背外侧综合征）：是脑干梗死最常见类型。①眩晕、恶心呕吐、眼球震颤；②交叉性感觉障碍；③同侧 Horner 征；④饮水呛咳、吞咽困难和声音嘶哑；⑤同侧小脑性共济失调。

4）大脑中动脉闭塞综合征：主干闭塞导致病灶对侧中枢性面舌瘫及偏瘫、偏身感觉障碍及偏盲，优势半球受累出现完全性失语症，非优势半球受累出现体象障碍。

5）大脑前动脉闭塞综合征：导致对侧中枢性面舌瘫与下肢瘫，尿潴留或尿急（旁中央小叶受损），强握及吸吮反射（额叶）；优势半球病变可出现 Broca 失语和上肢失用。可伴感觉障碍（胼周和胼缘动脉闭塞）。

6）大脑后动脉闭塞综合征：引起对侧同向性偏盲，上部视野缺损较重，黄斑视力可不受累；可见垂直性凝视麻痹、动眼神经瘫、核间性眼肌麻痹、眼球垂直性歪扭斜视；优势半球枕叶受累可出现命名性失语、失读，不伴失写；导致皮质盲、记忆受损（累及颞叶），不能识别熟悉面孔（面容失认症），幻视和行为综合征。

（4）临床类型

1）根据临床表现演进过程分为：完全性卒中、进展性卒中、可逆性缺血性神经功能缺失（RIND）。

2）依据神经影像学检查证据分为：大面积脑梗死、分水岭脑梗死、出血性脑梗死、多发性脑梗死。

2. 辅助检查

（1）CT 检查：发病 24 小时内可无明显异常。24～48 小时后常显示片状或楔形低密度梗死灶，大面积脑梗死伴脑水肿和占位效应，出血性梗死呈混杂密度。应注意梗死后 2～3 周时病灶与周围正常脑组织等密度，CT 难以分辨，可行增强扫描，90% 的梗死灶有增强现象，1～2 周最明显。CT 也不能完全显示脑干、小脑梗死灶。

（2）MRI 检查：可清晰显示早期缺血性梗死、脑干及小脑梗死、静脉窦血栓形成等。梗死后数小时即可出现 T1 低信号、T2 高信号病灶。功能性 MRI 弥散加权成像（DWI）可早期诊断缺血性卒中，发病 2 小时即有缺血病变，为早期治疗提供重要依据。

（3）DSA 检查：可发现血管狭窄及闭塞部位，显示动脉 Moyamoya 病、动脉瘤和动静脉畸形等。

（4）腰穿检查：只在不能做 CT 检查、临床难以区别脑梗死和脑出血时进行。通常脑脊液压力及 CSF 常规正常。

（5）经颅多普勒（TCD）：可发现颈动脉狭窄、闭塞、痉挛、动脉粥样硬化斑或血栓形成。

（6）超声心动图检查：可发现心脏附壁血栓、心房黏液瘤和二尖瓣脱垂。

3. 诊断思路

（1）中老年患者安静状态下突起发病。

（2）有高血压、动脉硬化病史。

（3）可归因于某颅内动脉闭塞综合征的脑局灶性损害症状、体征。

（4）CT、MRI 检查发现梗死灶（确诊）。

4. 鉴别诊断

（1）脑出血：活动中起病，病情进展快，常有头痛、呕吐及不同程度的意识障碍，血压升高常提示脑出血，CT 检查可见高密度影。

（2）脑栓塞：起病急骤，症状较重，局灶性体征在数秒至数分钟达高峰。常见大脑中动脉栓塞引起大面积脑梗死，导致脑水肿及颅内压增高，有心源性栓子来源，如风心病、冠心病、心肌梗死、亚急性细菌性心内膜炎以及合并心房纤颤等应考虑此病。

（3）颅内占位病变：颅内肿瘤、硬膜下血肿和脑脓肿可导致卒中性发病，病前常有头痛、呕吐缓慢出现偏瘫等局灶性体征，颅内压增高征象不明显时易与脑梗死混淆，须提高警惕，CT 或 MRI 检查可以确诊。

5. 治疗原则

（1）对症治疗

1）保持呼吸道通畅、吸氧和防治肺炎，维持水电解质平衡和心肾功能正常，预防尿路感染和压疮等。

2）调整血压：缺血性卒中后血压升高通常不需紧急处理，病后 24～48 小时收缩压＞200mmHg、舒张压＞110mmHg 或平均动脉压＞130mmHg 时可用降压药，切忌过度降压使脑灌注压降低，导致脑缺血加剧。

3）脱水降颅压，减轻脑水肿：用 20%甘露醇或呋塞米（速尿）、10%白蛋白等。

4）控制癫痫发作。

5）控制血糖水平：血糖宜在 7.8～10mmol/L，

过高或过低均会加重缺血性脑损伤，如>10mmol/L宜给予胰岛素治疗。

（2）超早期溶栓治疗

1）静脉溶栓药物：①尿激酶；②rt-PA。

适应证：①紧急缺血性卒中，无昏迷；②发病3小时内，在MRI指导下可延长至6小时；③年龄>18岁；④CT未显示低密度病灶，已排除颅内出血；⑤患者本人或家属同意。

禁忌证：①TIA单次发作或迅速好转的卒中以及症状轻微者；②病史和体检符合蛛网膜下腔出血；③两次降压治疗后血压>180/100mmHg；④CT检查发现低密度影、出血、脑水肿、占位效应、肿瘤和动静脉畸形；⑤患者14日内做过大手术或有创伤，7日内做过动脉穿刺或腰穿，有活动性内出血等；⑥正在使用抗凝剂或卒中前48小时曾用肝素治疗；病史有血液疾病、出血素质、凝血障碍或使用抗凝药物史（PT>15s，APTT>40s，INR>1.5，血小板计数<100×10^9/L。

并发症：①梗死灶继发出血，用药后监测凝血时间及凝血酶原时间；②导致再灌注损伤和脑水肿（致命）；③再闭塞（高达10%～20%）。

2）动脉溶栓：DSA直视下进行选择介入动脉溶栓。其适应证、禁忌证及并发症与静脉溶栓基本相同。

（3）抗血小板治疗：发病 48 小时内用阿司匹林 150～325mg/日，可降低死亡率和复发率，推荐应用。但溶栓和抗血小板药物不要同时应用，可增加出血风险。

（4）脑保护治疗

1）自由基清除剂：维生素 E、依达拉奉。

2）钙通道阻滞剂：尼莫地平。

（5）降纤治疗：降解血中的纤维蛋白原、增强纤溶系统活性以抑制血栓形成。巴曲酶、降纤酶、安克洛、蚓激酶等。

（6）抗凝治疗：包括肝素、低分子肝素和华法林。为防止血栓扩展、进展性卒中、溶栓治疗后再闭塞等可以短期应用。治疗期间应监测凝血时间和凝血酶原时间，须备有维生素 K、硫酸鱼精蛋白等拮抗剂处理可能的出血并发症。

（7）中医药治疗。

（8）康复治疗：应早期进行。

（9）外科治疗：幕上大面积脑梗死有严重脑水肿、占位效应和脑疝形成征象者，可行开颅减压术。

（10）卒中单元治疗。

【思考题】

1. 简述脑血栓形成的超早期治疗方法。

2. 脑血栓形成与脑出血如何鉴别?

3. 什么是缺血半暗带?什么是治疗时间窗?有何意义?

（杨文琼）

三、脑 栓 塞

【目的要求】

掌握脑栓塞的临床表现、诊断、鉴别诊断和治疗原则。

【预习内容】

预习《神经病学》(第 7 版）的第八章第二节脑栓塞。

【学时数】

0.5 学时。

【见习安排】

1. 教师结合典型病人讲授脑栓塞病人的临床特征、病史采集、体格检查要点，组织学生观摩学习神经内科的专科检查、腰穿等操作方法，帮助学生系统掌握神经内科体格检查的特点、步骤及方法，培养学生专科的临床诊疗思维。

2. 学生在预习理论内容基础上结合病例掌握脑栓塞的临床特征、诊断及鉴别诊断，通过阅读病历、观察病人逐步掌握神经内科的专业特点，培养自身的专科临床思维。

3. 考核：①完成一份脑栓塞病人的大病历。②结合患者的具体实际，教师以提问的方式了解学生学习情况。

【见习内容】

1. 脑栓塞的临床特点

（1）症状

1）脑栓塞可发生于任何年龄，以青壮年多见。

2）多在活动中急骤起病，无前驱症状。

3）临床症状在数秒至数分钟达到高峰，多表现为完全性卒中。

4）意识清楚或轻度意识模糊。

5）颈内动脉或大脑中动脉主干栓塞导致大面积脑梗死，可发生严重脑水肿、颅内压增高，甚至脑疝和昏迷，常见癫痫发作；椎-基底动脉系统栓塞常发生昏迷。

6）个别病例局灶性体征稳定或一度好转后又出现加重提示栓塞再发或继发出血。

（2）体征

1）患者意识清楚或有轻度意识障碍。

2）约 4/5 的脑栓塞发生于前循环，特别是大脑中动脉，出现偏瘫、共济失调、饮水呛咳、吞咽困难及构音障碍等。

3）椎-基底动脉系统受累约占 1/5，表现为眩晕、复视、交叉瘫或四肢瘫、共济失调、饮水呛咳、吞咽困难及构音障碍等。

4）一侧或两侧大脑后动脉栓塞导致同向性偏盲或皮质盲，基底动脉主干栓塞导致突然昏迷、四肢瘫或基底动脉尖综合征。

5）肺栓塞（气急、发绀、胸痛、咯血、胸膜摩擦音等），肾栓塞（腰痛、血尿等），肠系膜栓塞（腹痛、便血等），皮肤栓塞（出血点或瘀斑）等体征。

6）风心病、冠心病和严重心律失常等。

2. 辅助检查

（1）CT、MRI 检查：显示缺血性梗死或出血性梗死改变。如合并出血性梗死高度支持脑栓塞，发病 3～5 日内复查 CT 可早期发现继发梗死后出血。应注意有时 CT 也不能完全显示脑干、小脑梗死灶，可行 MRI 检查。

（2）MRA 检查：可发现颈动脉狭窄程度及闭塞程度。

（3）腰穿检查：腰穿脑压正常，脑压增高提示大面积脑梗死。出血性梗死 CSF 可呈血性或镜下红细胞。感染性脑栓塞，如亚急性细菌性心内膜炎 CSF 细胞数增高（200×10^6/L 或以上），早期中性粒细胞为主，晚期淋巴细胞为主。脂肪栓塞 CSF 可见脂肪球。

（4）心电图检查：显示心肌梗死、心律失常等证据。

（5）颈动脉超声检查：提示颈动脉血管狭窄程度及动脉斑块。

（6）超声心动图检查：提示心脏附壁血栓等。

3. 诊断思路

（1）可发生于任何年龄，多见于青壮年。

（2）有心源性栓子来源。

（3）活动中骤然起病，数秒或数分钟可达高峰。

（4）偏瘫、失语等脑局灶性损害症状体征，多呈完全性卒中。

（5）可伴痫性发作。

（6）CT、MRI 检查发现梗死灶或出血性梗死。

4. 鉴别诊断

（1）脑出血：活动中起病，病情进展快，常有头痛、呕吐及不同程度的意识障碍，血压升高常提示脑出血，CT 检查发现脑内高密度出血灶可以确诊。

（2）脑血栓形成：中老年多见，常在安静状态下起病，逐渐加重，较脑栓塞缓慢，可有 TIA 等先兆表现。

（3）颅内占位病变：颅内肿瘤、硬膜下血肿和脑脓肿可表现为卒中性发病，病前常有头痛、呕吐，缓慢出现偏瘫等局灶性体征，颅内压增高征象不明显时易与脑梗死混淆，须提高警惕，CT 或 MRI 检查可以确诊。

5. 治疗原则

（1）一般治疗与脑血栓形成治疗相同，大面积梗死时应积极脱水、降颅压治疗，必要时行手术治疗。

（2）房颤患者可用抗心律失常药物。

（3）心源性栓塞数小时内可使用血管扩张剂。

（4）脑保护性治疗：钙拮抗剂、维生素 E 等。

（5）抗凝治疗：肝素、低分子肝素或华法林。

（6）抗血小板聚集药：阿司匹林 100mg/d，可预防再栓塞。

（7）气栓治疗：患者应取低头、左侧卧位，如为减压病应尽快行高压氧治疗，减少气栓，增加脑含氧量。

（8）脂肪栓处理：可用扩容剂、血管扩张剂静脉滴注。

（9）感染性栓塞处理：需选用足量有效的抗生

素治疗。

【思考题】

1. 脑栓塞的常见病因有哪些?

2. 脑栓塞的临床特点是什么？如何与脑血栓形成及脑出血鉴别?

（杨文琼）

四、脑　出　血

【目的要求】

1. 掌握脑出血的临床表现、诊断、鉴别诊断和治疗原则。

2. 掌握脑出血 CT 片影像学特点。

【预习内容】

预习《神经病学》（第 7 版）第八章第三节脑出血。

【学时数】

0.5 学时。

【见习安排】

1. 教师结合典型病人讲授脑出血病人的临床特征、病史采集、体格检查要点，组织学生观摩学习神经内科的专科检查操作方法，帮助学生系统掌握神经内科体格检查的特点、步骤及方法，培养学生专科的临床诊疗思维。学会阅脑出血及脑梗死头颅 CT 片。

2. 学生在预习理论内容基础上结合病例掌握脑出血的临床特征、诊断及鉴别诊断，通过阅读病历、观察病人逐步掌握神经内科的专业特点，培养自身的专科临床思维。

3. 考核：①完成一份脑出血病人的大病历。②结合患者的具体实际，教师以提问的方式了解学生学习情况。

【见习内容】

1. 脑出血的临床特点

（1）症状

1）发生于 50～70 岁，男性略多，冬春季易发。

2）常在活动和情绪激动时发病，出血前多无预兆。

3）50%的患者出现剧烈头痛，伴有呕吐。

4）部分患者出现大小便障碍。

5）临床症状常在数分钟至数小时达到高峰，出现一侧肢体麻木、无力或瘫痪。

6）约 10%的病例出现痫性发作，常为局灶性。

7）重症者迅速出现意识障碍。

（2）体征

1）患者脑出血后常血压明显升高，严重者出现体温、脉搏、呼吸节律等改变。

2）双眼向病灶侧注视。

3）一侧肢体轻瘫或完全性瘫痪，感觉减退或消失。

4）主侧半球出血表现语言障碍或完全性失语。

5）早期肌张力降低、腱反射减低，中晚期肌张力增高、腱反射亢进，病理征阳性，部分患者脑膜刺激征阳性。

6）瞳孔改变：脑出血患者瞳孔不等大或双侧散大，光反应迟钝或消失，桥脑出血瞳孔呈针尖样。

7）意识状态依病情可分为清醒、模糊、谵妄、嗜睡或昏迷。

（3）常见临床类型及特点

1）基底节区出血：是高血压性脑出血的最常见部位，包括壳核出血、丘脑出血及尾状核头出血。典型表现为病灶对侧偏瘫、偏身感觉缺失和偏盲，称谓“三偏”征；大量出血可出现意识障碍，也可穿破脑组织进入脑室，出现血性 CSF。

2）脑叶出血：常由脑动静脉畸形、Moyamoya 病、血管淀粉样变性和肿瘤等所致。常出现头痛、呕吐、失语症、视野异常及脑膜刺激征，癫痫发作较常见，昏迷较少见。

3）脑干出血：轻者表现交叉性瘫痪或共济失调性轻偏瘫，两眼向病灶侧凝视麻痹或核间性眼肌麻痹，可无意识障碍；病情危重者（血肿＞5ml）数秒至数分钟内陷入昏迷、四肢瘫痪和去大脑强直发作，可见双侧针尖样瞳孔和固定于正中位、呕吐咖啡样胃内容物、中枢性高热、中枢性呼吸障碍和眼球浮动等，通常在48小时内死亡。

4）小脑出血：起病突然，头痛、眩晕、频繁呕吐、枕部剧烈头痛和平衡障碍等，但无肢体瘫痪，病初意识清楚或轻度意识模糊。轻者一侧肢体笨拙、行动不稳、共济失调和眼球震颤。大量出血可出现昏迷和脑干受压征象，晚期瞳孔散大，中枢性呼吸障碍，可因枕骨大孔疝死亡。

5）原发性脑室出血：头痛、呕吐、脑膜刺激征及血性脑脊液，无局灶性神经体征；大量脑室出血，起病急骤，昏迷，四肢弛缓性瘫及去大脑强直发作，频繁呕吐，针尖样瞳孔，眼球分离斜视或浮动等，病情危笃，多迅速死亡。

2. 辅助检查

（1）CT 检查：可显示圆形或卵圆形均匀高密度血肿，边界清楚，并可确定血肿部位、大小、形态，以及是否破入脑室、血肿周围水肿带和占位效应等。

（2）MRI 检查：可发现 CT 不能确定的脑干或小脑小量出血，能分辨病程4～5周后 CT 不能辨认的脑出血，区别陈旧性脑出血与脑梗死，显示血管畸形流空现象。

（3）数字减影脑血管造影（DSA）：可检出脑动脉瘤、脑动静脉畸形、Moyamoya 病和血管炎等。

（4）脑脊液检查：只在无 CT 检查条件且临床无明显颅内压增高表现时进行，可发现脑压增高，CSF 呈洗肉水样。

3. 诊断思路

（1）中老年高血压病患者。

（2）在活动或情绪激动时突然发病。

（3）迅速出现偏瘫、失语等局灶性神经功能缺失症状，以及严重头痛、呕吐及意识障碍等。

（4）CT 检查显示圆形或卵圆形均匀高密度血肿（确诊）。

4. 鉴别诊断

（1）高血压性壳核、丘脑及脑叶出血须与脑梗死，特别是脑栓塞后出血鉴别。CT 检查可明确识别病变性质。小脑出血可酷似脑干或小脑梗死，MRI 可以确诊。

（2）外伤性脑出血：是闭合性头部外伤所致，发生于受冲击颅骨下或对冲部位，外伤史可提供诊断线索，常见于额极和颞极、CT 可显示血肿。

（3）昏迷的脑出血患者须与全身性中毒（酒精、

药物、一氧化碳）及代谢性疾病（糖尿病、低血糖、肝性昏迷、尿毒症）昏迷鉴别，病史、相关实验室检查和头部 CT 检查可提供诊断线索。

5. 治疗原则

（1）内科治疗

1）一般处理：①患者卧床，减少搬动，保持安静；②严密观察体温、脉搏、呼吸和血压等生命体征，注意瞳孔和意识变化；③保持呼吸道通畅，及时清理呼吸道分泌物，必要时吸氧；④加强护理，保持肢体功能位；⑤意识障碍或消化道出血者宜禁食 24～48 小时，之后放置胃管；⑥尿潴留：可留置尿管并定时膀胱冲洗。

2）控制血压：血压控制在 180/105mmHg 以内，若超过此值，给予短效降压药，避免应用强降压药，密切观察血压变化。

3）控制脑水肿，脱水降颅压：①20%甘露醇。②10%甘油果糖。③呋塞米（速尿）。④10%血浆白蛋白。

4）保证营养和维持水、电解质平衡。

5）并发症防治：①感染：肺部感染，尿潴留或导尿易合并尿路感染，可选用抗生素治疗；②应激性溃疡并消化道出血：选用抑酸剂如 H_2 受体阻滞剂或质子泵抑制剂等；并补液或输血维持血容量；③痫性发作：大发作可用地西泮或苯妥英钠；④中枢性高热：宜用物理降温冰敷、冰床或醇浴；⑤稀释性低钠血症，应缓慢纠正，以防导致脑桥中央髓鞘溶解症；⑥下肢静脉血栓形成或肺栓塞，一旦发生，予抗凝治疗；⑦脑耗盐综合征。

（2）外科治疗

1）手术适应证：①脑出血患者颅内压增高伴脑干受压体征；②小脑半球血肿量≥10ml 或蚓部>6ml，血肿破入第四脑室或脑池受压消失，出现脑干受压症状或急性阻塞性脑积水征象者；③重症脑室出血导致梗阻性脑积水；④脑叶出血，特别是 AVM 所致和占位效应明显者。

2）手术禁忌证：脑干出血、大脑深部出血、淀粉样血管病导致脑叶出血不宜手术治疗。

3）常用手术方法：①小脑减压术；②开颅血肿清除术；③钻孔扩大骨窗血肿清除术；④钻孔微创颅内血肿清除术；⑤脑室出血脑室引流术。

（3）康复治疗：患者病情稳定后宜尽早进行康复治疗。早期给予肢体运动、语言训练、心理治疗等，对神经功能恢复，提高生活质量有益。

【思考题】

1. 脑出血如何与脑血栓形成鉴别？

2. 壳核出血、丘脑出血、脑干出血、小脑出血及脑叶出血的特征性表现是什么?

3. 叙述脑出血的治疗原则。

（杨文琼）

五、蛛网膜下腔出血

【目的要求】

掌握蛛网膜下腔出血的常见病因、临床表现、诊断、鉴别诊断和治疗原则。

【预习内容】

预习《神经病学》(第 7 版)第八章第四节蛛网膜下腔出血。

【学时数】

0.5 学时。

【见习安排】

1. 教师结合典型病人讲授蛛网膜下腔出血病人的临床特征、病史采集、体格检查要点，组织学生观摩学习神经内科的专科检查、腰穿等操作方法，帮助学生系统掌握神经内科体格检查的特点、步骤及方法，培养学生专科的临床诊疗思维。

2. 学生在预习理论内容基础上结合病例掌握蛛网膜下腔出血的临床特征、诊断及鉴别诊断，通过阅读病历、观察病人逐步掌握神经内科的专业特点，培养自身的专科临床思维。

3. 考核：①完成一份蛛网膜下腔出血病人的大病历。②结合患者的具体实际，教师以提问的方式了解学生学习情况。

【见习内容】

1. 蛛网膜下腔出血的临床特点

症状：

（1）动脉瘤破裂多发生于 40～60 岁，男女相近；动静脉畸形常在 10～40 岁发病，男性多见。

（2）发病多有激动、用力或排便等诱因。

（3）突发异常剧烈头痛，头痛可持续数日不变，2 周后缓慢减轻，头痛再发常加重提示再次出血。

（4）可伴恶心、呕吐、畏光、项背部或下肢疼痛。

（5）部分患者可有第Ⅲ、Ⅳ、Ⅴ、Ⅵ等颅神经受损症状。

（6）急性期偶见欣快、谵妄和幻觉等精神症状。

体征：

（1）出血常引起血压急剧上升，体温升高至 39℃。

（2）短暂意识丧失，严重者突然昏迷。

（3）脑膜刺激征。

（4）眼底可见玻璃体下片块状出血（对诊断具有提示性）。

（5）第Ⅲ、Ⅳ、Ⅴ、Ⅵ等脑神经损害。

（6）癫痫发作、偏瘫、失语或视野缺损等。

2. 常见并发症

（1）再出血：病情稳定后突发剧烈头痛、呕吐、痫性发作、昏迷甚至去大脑强直发作，颈项强直，Kernig 征加重。

（2）脑血管痉挛：可引起轻偏瘫等局灶性体征。病后 10～14 日为迟发性血管痉挛高峰期。

（3）脑积水：进行性嗜睡、上视受限、外展神经瘫痪、下肢腱反射亢进等。

（4）癫痫发作：患者发生面部和肢体抽搐。

3. 辅助检查

（1）头颅 CT：检出 90%以上的 SAH，显示大脑外侧裂池、前纵裂池、鞍上池、桥小脑脚池、环池和后纵裂池高密度出血征象，并可确定脑内出血或脑室出血，伴脑积水或脑梗死，对病情进行动态观察。CT 增强可发现大多数动静脉畸形和大的动脉瘤。

（2）MRI：可检出脑干小动静脉瘤，但须注意 SAH 急性期 MRI 检查可能诱发再出血。MRA 对直径 3～15mm 动脉瘤检出率高。但由于空间分辨率较差，不能清晰地显示动脉瘤颈和载瘤动脉。

（3）腰穿检查：若 CT 扫描不能确定 SAH 临床诊断，可行腰椎穿刺和 CSF 检查，肉眼呈均匀一致血性脑脊液，压力明显增高（400～600mmH_2O）。须注意腰穿可诱发脑疝形成的风险。

（4）数字减影血管造影（DSA）：明确 SAH 诊断后需行全脑血管造影。

（5）经颅多普勒（TCD）：超声作为非侵入性技术可监测 SAH 后脑血管痉挛。

（6）其他检查：血常规、凝血功能和肝功能检查，有助于寻找其他出血原因。

4. 诊断思路

（1）活动中突发剧烈头痛伴呕吐。

（2）颈强等脑膜刺激征，伴或不伴意识模糊、反应迟钝。

（3）神经系统检查无局灶神经体征。

（4）眼底检查玻璃体下片块状出血等。

（5）CT 证实脑池和蛛网膜下腔高密度出血征象。

（6）腰穿压力明显增高和血性脑脊液。

5. 鉴别诊断

高血压性脑出血：血性脑脊液，但有明显局灶体征，如偏瘫、失语等，CT 和 DSA 可以鉴别。

颅内感染：可有头痛、呕吐及脑膜刺激征，但先有发热，CSF 检查提示感染。

脑肿瘤卒中：根据病史、CSF 检出癌细胞和头部 CT 可鉴别。

6. 治疗原则

（1）一般处理：①患者应住院监护治疗，绝对卧床休息 4～6 周，床头抬高 15°～20°，病房保持安静、舒适和暗光；②避免引起血压和颅压增高的诱因；③审慎降压，可控制在 160/100mmHg；④头痛较甚时可镇静止痛；⑤注意水、电解质平衡；⑥心电监护；⑦加强营养，防止并发症。

（2）脱水降颅压：可使用 20%甘露醇，呋塞米（速尿）和 10%血浆白蛋白。

（3）预防再出血：使用抗纤溶药物如 6-氨基己酸（EACA）等。

（4）预防脑血管痉挛：可使用钙拮抗剂尼莫地平。

（5）脑脊液置换：应注意诱发脑疝、颅内感染和再出血的风险，严格掌握适应证。

（6）外科手术治疗。

【思考题】

1. 蛛网膜下腔出血的常见病因有哪些？

2. 蛛网膜下腔出血急性期有哪些重要合并症？如何预防。

3. 蛛网膜下腔出血的主要临床特点是什么？

（杨文琼）

见习四　颅内感染

一、单纯疱疹病毒性脑炎

【目的要求】

1. 掌握单纯疱疹病毒性脑炎的临床表现、诊断与鉴别诊断。

2. 熟悉单纯疱疹病毒性脑炎的治疗原则和辅助检查方法。

【预习内容】

预习《神经病学》（第 7 版）的第十章第一节单纯疱疹病毒性脑炎。

【学时数】

1 学时。

【见习安排】

1. 教师结合典型病人讲授单纯疱疹病毒性脑炎病人的临床特征、病史采集、体格检查要点，组织学生观摩学习神经内科的专科检查、腰穿等操作方法，帮助学生系统掌握神经内科体格检查的特点、步骤及方法，培养学生专科的临床诊疗思维。

2. 学生在预习理论内容基础上结合病例掌握单纯疱疹病毒性脑炎的临床特征、诊断及鉴别诊断，通过阅读病历、观察病人逐步掌握神经内科的专业特点，培养自身的专科临床思维。

3. 考核：①完成一份单纯疱疹病毒性脑炎病人的大病历。②结合患者的具体实际，教师以提问的方式了解学生学习情况。

【见习内容】

1. 单纯疱疹病毒性脑炎的临床特点

（1）症状：任何年龄均可发病，无季节性。前驱感染症状有头痛、呕吐，脑膜及脑实质受累症状有轻微意识和人格改变、多动，部分患者出现癫痫发作、精神症状、智能障碍。可有不同程度意识障碍，重症患者出现严重颅高压，甚至脑疝形成死亡。

（2）体征：发热，脑膜刺激征，弥漫性及局灶性脑实质损害体征。

2. 辅助检查

（1）脑电图检查红、白细胞数增多，糖和氯化物正常。

（2）头颅 CT、MRI 检查正常或发现颞叶局灶性出血性脑软化灶。

（3）脑脊液检查红、白细胞数增多，糖、氯化物正常。脑脊液 HSV-DNA 阳性。

3. 诊断

（1）口周或生殖器疱疹史，或本次发病有皮肤、黏膜疱疹。

（2）发热、明显精神行为异常、抽搐、意识障碍及早期出现的局灶性神经系统损害体征。

（3）脑脊液红、白细胞数增多，糖和氯化物正常。

（4）脑电图以颞、额区损害为主的脑弥漫性异常。

（5）头颅 CT 或 MRI 发现颞叶局灶性出血性脑软化灶。

（6）特异性抗病毒药物治疗有效。

4. 鉴别诊断

（1）带状疱疹病毒性脑炎。

（2）肠道病毒性脑炎。

（3）巨细胞病毒性脑炎。

（4）急性播散性脑脊髓炎。

5. 单纯疱疹病毒性脑炎治疗早期诊断和治疗是关键。

（1）抗病毒化学药物治疗：阿昔洛韦（无环鸟苷）或更昔洛韦。

（2）免疫治疗：①干扰素及诱生剂。②转移因子。③皮质激素。

（3）对症支持治疗。

【思考题】

1. 单纯疱疹病毒性脑炎的临床诊断依据有哪

些?

2. 单纯疱疹病毒性脑炎治疗原则是什么?

（周青珍）

二、结核性脑膜炎

【目的要求】

1. 掌握结核性脑膜炎的临床表现、诊断及治疗原则。

2. 掌握结核性脑膜炎的脑脊液改变特点。

【预习内容】

预习第七版《神经病学》的第十章第二节结核性脑膜炎。

【学时数】

1 学时。

【见习安排】

1. 教师结合典型病人讲授结核性脑膜炎病人的临床特征、病史采集、体格检查要点，组织学生观摩学习神经内科的专科检查、腰穿等操作方法，帮助学生系统掌握神经内科体格检查的特点、步骤及方法，培养学生专科的临床诊疗思维。

2. 学生在预习理论内容基础上结合病例掌握结核性脑膜炎的临床特征、诊断及鉴别诊断，通过阅读病历、观察病人逐步掌握神经内科的专业特点，培养自身的专科临床思维。

3. 考核：①完成一份结核性脑膜炎病人的大病历。②结合患者的具体实际，教师以提问的方式了解学生学习情况。

【见习内容】

1. 临床特点

（1）症状

1）常为急性或亚急性起病，慢性病程。

2）结核中毒症状：低热、盗汗、纳差、乏力等症状。

3）脑实质损害症状：精神异常，癫痫发作或癫痫持续状态，昏睡或意识模糊，偏瘫、四肢瘫、截瘫。

（2）体征

1）发热。

2）脑膜刺激征。

3）颅神经症状：视力减退、复视、面神经麻痹。

4）脑膜及脑实质定位症状。

2. 辅助检查

（1）结核菌素试验阳性或胸部 X 线平片发现活动性或陈旧性结核感染证据。

（2）脑脊液检查：符合结核性脑膜炎的临床特征。

（3）CT：可显示基底池和皮层脑膜对比增强或脑积水等。

3. 诊断

（1）有结核病病史或接触史。

（2）发热、精神异常、头痛、呕吐、脑膜刺激征及早期出现的局灶性神经系统损害体征。

（3）典型的脑脊液改变。

4. 鉴别诊断

（1）隐球菌脑膜炎。

（2）病毒性脑膜炎。

5. 治疗

（1）抗结核治疗

1）本病的治疗应遵循早期给药、合理用药、联合用药和系统治疗。目前认为异烟肼、利福平、吡嗪酰胺或乙胺丁醇、链霉素是结核性脑膜炎最有效的联合用药方案。

2）应至少选择三种药联合治疗，常用异烟肼、利福平、吡嗪酞胺。

（2）皮质类固醇。

（3）鞘内注射：用于重症患者，脑脊液压力增高患者慎用。

（4）脱水治疗：颅内压增高者可用20%甘露醇、甘油果糖或甘油盐水等。

【思考题】

1. 结核性脑膜炎的治疗原则及方案是什么？

2. 结核性脑膜炎与化脓性脑膜炎、单纯疱疹病毒性脑炎脑脊液区别是什么？

（周青珍）

见习五　多发性硬化

【目的要求】

1. 掌握多发性硬化（MS）的临床表现、诊断和治疗原则。

2. 熟悉多发性硬化的病因和病理。

3. 了解脱髓鞘疾病的概念和分类。

【预习内容】

预习《神经病学》（第7版）的第十一章第一节。

【学时数】

1学时。

【见习安排】

1. 教师结合典型病人讲授多发性硬化病人的临床特征、病史采集、体格检查要点，组织学生观摩学习神经内科的专科检查、腰穿等操作方法，帮助学生系统掌握神经内科体格检查的特点、步骤及方法，培养学生专科的临床诊疗思维。

2. 学生在预习理论内容基础上结合病例掌握多发性硬化的临床特征、诊断及鉴别诊断，通过阅读病历、观察病人逐步掌握神经内科的专业特点，培养自身的专科临床思维。

3. 考核：①完成一份多发性硬化病人的大病

历。②结合患者的具体实际，教师以提问的方式了解学生学习情况。

【见习内容】

1. 多发性硬化的主要临床特点

（1）症状千变万化，症状和体征不能用中枢神经系统（CNS）单一病灶来解释，常为大脑、脑干、小脑、脊髓和视神经病变的不同组合构成其临床症状谱。

（2）临床经过及症状和体征存在空间上的多发性（即散在分布于 CNS 的多数病灶）及其时间上的多发性（即病程中的缓解复发）。

2. 临床分型　①复发-缓解型；②继发进展型；③原发进展型；④进展复发型；⑤良性型。

3. 辅助检查

（1）脑脊液检查：70%的 MS 患者 CSF-IgG 指数增高，CSF-寡克隆 IgG 带（OB）（+）。

（2）头颅 CT/MRI 检查：常见于脑室周围和白质中散在的异常信号的病灶；脑干、小脑和脊髓可见斑点状不规则异常信号的病灶。

（3）诱发电位：视觉诱发电位、脑干听觉诱发电位和体感诱发电位半数以上病例有一项或多项异常。

4. 诊断标准目前采用 Poser（1983）的 MS 诊断标准。

诊断分类	诊 断 标 准（符合其中 1 条）
临床确诊	①病程中两次发作和两个分离病灶临床证据；②两次发作，一处临床和另一处亚临床病变证据
实验支持确诊	①病程中两次发作，一个临床或亚临床病变证据，CSF OB/IgG（+）；②病程中一次发作，两个分离病灶临床证据，CSF OB/IgG（+）；③病程中一次发作，一处病变临床证据和另一部位病变亚临床证据，CSF OB/IgG（+）
临床可能	①病程中两次发作，一处病变的临床证据；②病程中一次发作，两个不同部位病变临床证据；③病程中一次发作，一处病变临床证据和另一部位病变亚临床证据
实验支持可能	病程中两次发作，两次发作须累及 CNS 不同部位，间隔至少 1 个月，每次须持续 24h ，CSF OB/IgG（+）
注： OB/IgG（+）代表电泳寡克隆区带阳性或 IgG 指数或 24 小时鞘内合成率升高	

5. 鉴别诊断

（1）急性播散性脑脊髓炎。

（2）脊髓型颈椎病。

6. 治疗 多发性硬化治疗的主要目的：抑制炎性脱髓鞘病变进展，防止急性期病变恶化及缓解期复发；晚期采取对症和支持疗法，减轻神经功能障碍带来的痛苦。

（1）复发缓解型多发性硬化治疗：

1）皮质激素。

2）免疫球蛋白。

（2）进展型多发性硬化治疗：氨甲蝶呤、环磷酰胺。

（3）对症治疗。

【思考题】

1. 多发性硬化的主要临床特点是什么？
2. 多发性硬化的治疗原则是什么？

（佟德华）

见习六　帕 金 森 病

【目的要求】

1. 掌握帕金森病（PD）的临床表现、治疗原则及方法。

2. 熟悉帕金森病的诊断。

【预习内容】

预习《神经病学》（第 7 版）的第十二章第一节帕金森病。

【学时数】

2 学时。

【见习安排】

1. 教师结合典型病人讲授帕金森病人的临床特征、病史采集、体格检查要点，组织学生观摩学习神经内科的专科检查，掌握帕金森病人肢体震颤特点，帮助学生系统掌握神经内科体格检查的特点、步骤及方法，培养学生专科的临床诊疗思维。

2. 学生在预习理论内容基础上结合病例掌握帕金森病的临床特征、诊断及鉴别诊断，通过阅读病历、观察病人逐步掌握神经内科的专业特点，培养自身的专科临床思维。

3. 考核：①完成一份帕金森病人的大病历。

②结合患者的具体实际，教师以提问的方式了解学生学习情况。

【见习内容】

1. 临床特点

（1）症状

1）PD 主要是中老年发病，40 岁以前发病少见。起病隐匿，缓慢进展。

2）一侧或两侧肢体缓慢出现震颤、发紧感。由一侧上肢远端开始，继之扩展至同侧下肢及对侧上、下肢，呈 N 型发展；头、下颌、口唇及舌亦可受累。

3）动作缓慢、笨拙，走路下肢沉重，出现拖步。

4）可出现出汗增多，流涎，性功能减退，顽固性便秘，脂溢性皮炎。

5）部分患者可有抑郁、焦虑及不同程度的智能障碍。

（2）体征

1）静止性震颤：呈“搓丸样”动作。静止休息时出现，随意运动时减少或消失，情绪激动或精神紧张时明显，睡眠时消失。

2）肌强直：多自一侧上肢近端开始，以后扩展至全身，为铅管样强直。伴有震颤，为齿轮样强直。

3）运动迟缓：随意动作减少，幅度变小，主动运动缓慢；面部无表情，呈面具脸；上肢不能做精细动作，穿衣扣纽扣困难，写字过小征。

4）姿势和步态异常：站立时头、躯干向前俯曲，四肢微屈，行走时上肢正常的前后摆动消失，起步困难，步伐小，但迈步后向前冲，呈特殊的慌张步态；说话缓慢，语音单调、低沉或含糊不清。

2. 辅助检查

（1）生化检查：采用高效液相色谱检测脑脊液和尿中高香草酸（HVA）含量减少。

（2）PET 或 SPECT 功能显像检查可发现 PD 患者脑内多巴胺转运蛋白（DAT）功能显著降低。

（3）头颅 CT 和 MRI 可为正常或有不同程度的脑萎缩改变，表现为蛛网膜下腔及脑沟增宽、脑室扩大。

3. 诊断思路

（1）中老年发病，缓慢进行性病程。

（2）静止性震颤、肌强直、运动迟缓、姿势和步态异常中必备运动迟缓，其他三项至少具备其中之一。

（3）左旋多巴治疗有效。

（4）排除其他可引起锥体外系症状的疾病。

4. 鉴别诊断

（1）特发震颤：①震颤在随意运动时加重，静止时减轻；②约 1/3 的患者有家族史；③肌张力正常；④饮酒或用普萘洛尔（心得安）治疗可使震颤显著减轻；⑤用安坦等抗帕金森病药无效。

（2）帕金森综合征：①有明确的病因；②有相应原发病的症状、体征。

（3）多系统萎缩（MSA）：①纹状体黑质变性（SND）：兼有锥体系、小脑、自主神经症状，运动迟缓、肌强直及震颤不明显。左旋多巴疗效差。②Shy-Drager 综合征（SDS）：自主神经症状最突出，直立性低血压，性功能障碍和排尿障碍。③橄榄脑桥小脑萎缩（OPCA）：小脑及锥体系症状最突出，MRI 显示小脑和橄榄体萎缩。

5. 治疗　一经诊断即需治疗。

（1）抗胆碱能药物：对震颤和强直有效，对运动迟缓疗效较差。①苯海索（安坦）；②丙环定（开马君）。

（2）金刚烷胺：此药对强直、震颤及运动减少有效。

（3）左旋多巴及复方多巴替代疗法：

1）左旋多巴：0. 25g，2～3 次/日，以后可根据患者耐受性，酌情渐增。

2）复方多巴（美多巴），小剂量开始，渐增剂量至疗效满意，但无明显不良反应为止。或应用复方多巴控释片或缓释剂。

（4）多巴胺能受体激动剂：盐酸普拉克索。

（5）单胺氧化酶 B 抑制剂：司来吉兰。

（6）儿茶酚-氧位-甲基转移酶抑制剂：恩他卡朋。

（7）外科治疗：在系统的药物治疗后疗效不理想可考虑手术治疗。

1）苍白球或丘脑底核毁损或切除术。

2）脑深部电刺激（DBS）。

3）细胞移植术。

（8）中药、针灸、康复治疗：包括语音、进食训练，面部肌肉和肢体功能的锻炼等。需与西药合用，单用疗效不理想。

【思考题】

1. 帕金森病有哪些主要的临床表现？

2. 帕金森病有哪些治疗方法？

（周青珍）

见习七　癫　　痫

【目的要求】

1. 掌握癫痫及癫痫持续状态的定义及治疗原则。

2. 熟悉癫痫的诊断与鉴别诊断。

3. 熟悉癫痫患者脑电图。

4. 了解癫痫的病因及发病机制。

【预习内容】

预习第七版《神经病学》的第十三章第一至四节。

【学时数】

2 学时。

【见习安排】

1. 教师结合典型病人讲授癫痫病人的临床特征、病史采集、体格检查要点，组织学生观摩学习神经内科的专科检查操作方法，帮助学生系统掌握神经内科体格检查的特点、步骤及方法，培养学生专科的临床诊疗思维。

2. 学生在预习理论内容基础上结合病例掌握癫痫的临床特征、诊断及鉴别诊断，通过阅读病历、观察病人逐步掌握神经内科的专业特点，培养自身的专科临床思维。

3. 考核：①完成一份癫痫病人的大病历。②结合患者的具体实际，教师以提问的方式了解学生学习情况。

【见习内容】

1. 癫痫的定义和分类

（1）定义：癫痫是一组由大脑神经元高度同步化异常放电所引起的短暂中枢神经系统功能失常为特征的临床综合征，具有发作性、短暂性、重复性和刻板性的特点。

（2）癫痫的病因分类

1）原发性癫痫。

2）继发性癫痫。

（3）按癫痫发作（国际抗癫痫联盟，1981）分类：

1）部分性发作：①单纯性：无意识障碍，可分运动、体感或特殊感觉、自主神经、精神症状性发作；②复杂性：单纯部分性发作后有意识障碍或开始即有意识障碍；③部分性发作继发泛化：由部分起始扩展为全面性发作。

2）全面（泛化）性发作：包括失神发作、阵挛发作、强直发作、强直-阵挛发作、肌阵挛发作、失张力发作等。

3）不能分类的癫痫发作。

2. 临床特征

（1）部分性发作：痫性放电源于一侧大脑半球，向周围正常脑区扩散可扩展为全身性发作，可分为三型。

1）单纯部分性发作：发作时程较短，一般不超过 1 分钟，无意识障碍，可分为 4 型：

A. 部分运动发作：指局部肢体抽动，一侧口角、眼睑、手指或足趾抽搐。临床表现抽搐自对侧拇指沿腕–肘–肩–口角–面部扩展，称为 Jackson 癫痫；发作后遗留暂时性（数分至数日）肢体轻瘫痪或无力，称 Todd 瘫痪。

B. 部分体觉性发作或特殊感觉性发作：部分躯体感觉性发作为肢体麻木感和针刺感，特殊感觉性发作为视幻觉、听幻觉、嗅幻觉、眩晕感。

C. 自主神经性发作：如烦渴、欲排尿感、出汗、立毛、皮肤发红、瞳孔散大、呕吐、腹痛等。

D. 精神性发作：①记忆扭曲；②情感异常；③错觉或幻觉。

2）复杂部分性发作：也称颞叶发作、精神运动性发作，发作起始出现精神症状或特殊感觉症状，常见类型：①意识障碍；②意识障碍和自动症；③意识障碍和运动症状。

3）部分性发作继发泛化：单纯部分性发作可

发展为复杂部分性发作，单纯或复杂部分性发作继发为全面性强直-阵挛发作。

（2）全面性发作：临床表现形式多样，多伴有意识障碍，痫性放电为两侧大脑半球。常见的发作形式有 6 种：

1）全面强直-阵挛发作（GTCS）：也称大发作，以意识丧失和全身对称抽搐为特征。分为三期：①强直期；②阵挛期；③惊厥后期。

2）肌阵挛性发作：突发快速、短暂、触电样肌收缩，可遍及全身，亦可表现为面部、某一肢体或个别肌群肉跳，EEG 示多棘-慢波。

3）阵挛性发作：特征是重复阵挛抽动伴意识丧失，之前无强直期，为婴儿发作的特征，持续 1 至数分钟，EEG 示慢波及不规则棘-慢波。

4）强直性发作：表现为全身肌肉强烈的强直性肌痉挛，使头、眼和肢体固定在特殊位置，伴有颜面青紫、呼吸暂停和瞳孔散大；躯干强直发作可造成角弓反张，伴短暂意识丧失，无阵挛期，持续数秒至数十秒，EEG 示暴发性多棘波。

5）失神性发作：①典型失神发作（小发作）表现：意识短暂中断，活动停止，呼之不应，两眼瞪视不动，持续 3～15 秒，EEG 示对称同步 3 周/秒棘-慢波。②非典型失神发作表现：意识障碍发生及休止较典型者慢，肌张力改变较明显。EEG 示较慢的不规则棘-慢波或尖-慢波，背景活动异常。

6）失张力发作：部分或全身肌张力突然降低，造成垂颈、张口、肢体下垂或躯干失张力而跌倒，持续数秒至 1 分钟，EEG 示多棘-慢波或低电位活动。

（3）临床常见的癫痫及癫痫综合征

1）伴中央-颞部棘波的良性儿童癫痫：EEG 检查表现为中央-颞区高波幅棘-慢波。

2）Lennox-Gastaut 综合征：学龄前（1～8 岁）起病。精神发育迟滞、EEG 示棘-慢复合波和睡眠中 10Hz 的快节律为本综合征的三大特征。易出现癫痫持续状态。

3）婴儿痉挛症：1 岁前发病，男孩多见。典型表现为快速点头状痉挛、双上肢外展，下肢和躯干屈曲，下肢偶可为伸直状。常伴智力低下。EEG 示高峰节律紊乱。

（4）癫痫持续状态

1）癫痫持续状态是癫痫连续发作之间意识尚未完全恢复又频繁再发，或癫痫发作持续 30 分钟以上不自行停止。癫痫持续状态通常是指全面性强直-阵挛发作持续状态。

2）病因：①最常见停药不当和不规范地使用抗癫痫药物；②急性脑病、脑卒中、脑炎、外伤、肿瘤和药物中毒等可引起，个别患者原因不明；③感染、精神因素、过度疲劳、孕产和饮酒等均可诱发。

3. 诊断思路

（1）主要依靠癫痫发作的病史及其表现。

（2）EEG是癫痫诊断最常用的一种辅助检查，可见尖波或尖-慢波、棘波或棘-慢波。

（3）头部CT或MRI检查可发现或排除头部病变。

（4）单光子发射计算机（SPECT）或正电子发射断层扫描（PET）检查能从不同的角度反映脑局部代谢变化，辅助癫痫灶定位。

4. 鉴别诊断

（1）晕厥：脑血流灌注短暂全面降低，缺氧所致意识瞬时丧失和跌倒。常有头晕、恶心、眼前发黑和无力等先兆，跌倒伴短暂意识丧失，持续数秒钟后恢复，EEG检查正常。

（2）低血糖症：发作性血糖水平低于2mmol/L时，可产生局部癫痫样抽搐或四肢强直发作，伴意识丧失。

（3）癔病：可有运动、感觉、自动症、意识模糊等类癫痫样发作症状，无自伤、尿失禁、瞳孔无变化，脑电图正常。

5. 治疗

（1）药物治疗一般原则

1）确定是否用药：偶发一至数次或一年发作少于一次，不治疗，如一年中有 2 次或多次发作，可酌情用药。

2）尽量单药治疗的原则。

3）联合治疗原则：对于单药不能完全控制或难治性癫痫可选择联合治疗的原则。

4）长期规则用药原则：癫痫均应长期、规律性用药，特发性癫痫控制症状 1～2 年后，非特发性癫痫在控制发作 3～5 年才考虑减量和停药。

5）增减药物及换药原则：增药适当可快，减药一定要慢；换药应增加第二种药的剂量至控制发作后再把第一种药逐渐减量至停药。

6）根据发作类型选药的原则。

（2）手术治疗。

（3）癫痫持续状态的治疗

1）对症处理：①保持呼吸道通畅，鼻导管或面罩吸氧；②防治脑水肿；③控制感染或预防性应用抗生素；④高热可用物理降温，纠正酸碱平衡、电解质紊乱，并给予营养支持治疗等。

2）控制癫痫发作可选用下列药物：①首选地西泮（安定）；②10%水合氯醛加等量植物油保留灌肠；③氯硝安定（氯硝西泮）；④苯妥英钠。

3）控制发作后应使用长效抗癫痫药过渡和维持。

【思考题】

1. 癫痫患者的药物治疗原则是什么？

2. 癫痫持续状态的定义及处理原则是什么？

（周青珍）

见习八　脊 髓 疾 病

一、急性脊髓炎

【目的要求】

1. 掌握急性脊髓炎的临床特征、诊断、鉴别诊断与治疗。

2. 熟悉急性脊髓炎的辅助检查、鉴别诊断。

【预习内容】

预习《神经病学》（第 7 版）的第十四章第一节。

【学时数】

1 学时。

【见习安排】

1. 教师结合典型病人讲授急性脊髓炎病人的临床特征、病史采集、体格检查要点，组织学生观摩学习神经内科的专科检查、腰穿等操作方法，帮助学生系统掌握神经内科体格检查的特点、步骤及方法，培养学生专科的临床诊疗思维。

2. 学生在预习理论内容基础上结合病例掌握急性脊髓炎的临床特征、诊断及鉴别诊断，通过阅读病历、观察病人逐步掌握神经内科的专业特点，培养自身的专科临床思维。

3. 考核：①完成一份急性脊髓炎病人的大病历。②结合患者的具体实际，教师以提问的方式了解学生学习情况。

【见习内容】

1. 临床特点

（1）症状

1）多见冬末春初、秋末冬初，青壮年较为常见。

2）前 1～4 周多有前驱感染症状，或有疫苗接种史。

3）急性、亚急性起病，首发症状多为双下肢麻木无力、病变部位束带感或根痛，进而在数小时至 2～3 天内发展为病变平面以下运动、感觉及自主神经功能障碍。

4）重症患者症状由下肢迅速波及上肢或延髓肌群，出现吞咽困难、构音障碍及呼吸困难，甚至危及生命。

（2）体征

1）运动障碍：与受损脊髓相关的对称的肢体瘫痪，高颈段病变可致四肢瘫痪、呼吸肌麻痹、吞咽障碍。早期病灶水平以下呈脊髓休克表现，恢复期呈痉挛性瘫痪。

2）感觉障碍：病灶水平以下所有的感觉消失（深浅感觉），感觉消失水平上缘可有感觉过敏区。

3）自主神经功能障碍：大小便潴留或失禁（初为尿、便潴留，后为失禁）、无汗或少汗、水肿等。

2. 辅助检查

（1）脑脊液检查：细胞数、蛋白含量正常或轻度增高，脊髓水肿严重时有不全梗阻表现。

（2）影像学检查：病变部位脊髓增粗，病变节段髓内多发片状或斑点状病灶，呈 T1 低信号、T2 高信号。

（3）电生理检查

1）视觉诱发电位（VEP）正常。

2）下肢体感诱发电位（SEP）波幅明显减低；运动诱发电位（MEP）异常。

3）肌电图呈失神经改变。

3. 诊断要点

（1）急性起病，迅速进展的脊髓完全横贯性或播散性损害。

（2）病变水平以下运动、感觉及自主神经功能障碍。

（3）脑脊液检查。

（4）脊髓 MRI 检查。

（5）临床类型：①急性横贯性脊髓炎；②急性上升性脊髓炎；③脱髓鞘性脊髓炎。

4. 鉴别诊断

（1）急性硬脊膜外脓肿。

（2）格林-巴利综合征。

（3）脊柱结核或转移性肿瘤。

（4）脊髓出血。

5. 治疗　无特效治疗，主要以减轻脊髓损害、防治并发症及促进功能恢复为主。主要治疗方案如下：

（1）皮质类固醇激素：①大剂量甲泼尼龙短程疗法；②地塞米松治疗。

（2）免疫球蛋白：成人用量 0. 4g/（kg·d），静脉滴注，连用 3～5 天为一疗程。

（3）神经营养代谢药物治疗。

（4）治疗并发症及神经功能康复治疗。

【思考题】

1. 急性脊髓炎之临床诊断依据（病史、症状、体征和检验）各有什么特点？

2. 急性脊髓炎需要和哪些疾病相鉴别？

（佟德华）

二、脊髓压迫症

【目的要求】

1. 掌握脊髓损害（一半侧损害、横贯损害）的临床表现。

2. 掌握脊髓病变之定位诊断方法（从病史经过、神经根损害、感觉平面、肢体瘫痪类型、脊髓影像学等方面做出定位诊断）。

【预习内容】

预习《神经病学》（第 7 版）的第十四章第二节。

【学时数】

1 学时。

【见习安排】

1. 教师结合典型病人讲授脊髓压迫症病人的临床特征、病史采集、体格检查要点，组织学生观摩学习神经内科的专科检查、腰穿等操作方法，帮助学生系统掌握神经内科体格检查的特点、步骤及方法，培养学生专科的临床诊疗思维。

2. 学生在预习理论内容基础上结合病例掌握脊髓压迫症的临床特征、诊断及鉴别诊断，通过阅读病历、观察病人逐步掌握神经内科的专业特点，培养自身的专科临床思维。

3. 考核：①完成一份脊髓压迫症病人的大病例。②结合患者的具体实际，教师以提问的方式了解学生学习情况。

【见习内容】

1. 脊髓压迫症的临床特点

（1）

急性脊髓压迫症	慢性脊髓压迫症
急性起病，进展迅速	起病缓慢，早期症状可不明显
早期脊髓休克症状，病变以下呈弛缓性瘫痪，各种反射消失。后期为痉挛性瘫痪	通常可分三期：①根痛期；②脊髓半切综合征；③脊髓完全横贯性损害

（2）不同脊髓节段的特征性症状

高颈段（$C_{1\sim4}$）	可有后枕、颈部疼痛，四肢上运动神经元瘫痪、呃逆、呕吐和呼吸困难以及颅内压增高和眼底水肿、高热等
颈膨大（$C_{5\sim8}$，T_1）	双上肢下运动神经元瘫痪，手臂部疼痛、手肌无力萎缩，肩脚部疼痛；双下肢上运动神经元瘫痪
胸段腰段病变	典型的运动、感觉和膀胱直肠功能障碍。腰段脊髓受压，则按节段出现屈髋和股内收困难（$L_{1\sim2}$），小腿外侧和大腿外侧疼痛，膝踝反射消失者当为下腰段（$L_{3\sim5}$，$S_{1\sim2}$）病变
圆锥马尾	鞍区疼痛、感觉障碍、性功能不能和两便障碍，而下肢运动功能受累较少

（3）体征

运动障碍	脊髓前角或前根受压
	皮质脊髓束受损
感觉障碍	后根或后角损害
	半侧损害时，平面以下同侧躯体的深感觉障碍和对侧的浅感觉障碍
	脊髓横贯性损害：损害平面以下的深浅感觉均有障碍
反射异常	一侧锥体束受损时，病灶水平以下同侧的腱反射亢进，腹壁反射和提睾反射迟钝或消失，病理征阳性
	当双侧锥体束受到波及时，病灶水平以下双侧均出现反射亢进和病理征阳性
自主神经功能障碍	病变水平以下皮肤干燥、汗液少或无汗，趾（指）甲粗糙，肢体血管神经性水肿
	腰髓以上的慢性压迫病变，早期排尿急迫不易控制。
	如为急性脊髓受损的休克期，则自动排尿和排便功能丧失，以后过渡至大小便失禁
	腰髓病变则表现为尿、便潴留
	髓内病变出现膀胱功能障碍较髓外病变早
	下颈髓病变可产生霍纳（Honer）征

2. 辅助检查

（1）脑脊液检查：压颈试验（+）。椎管严重梗阻时外观可呈淡黄或黄色，蛋白升高，Froin 征（+）。

（2）影像学检查：CT 及 MRI 片显示病变部位脊髓受压，MRI 能显示椎管内病变及性质、部位和边界。

（3）脊髓造影：现少用。

3. 诊断步骤：是否压迫？ → 病变部位及平面 → 髓内、髓外硬膜内或硬膜外 → 病变性质及病因。

4. 鉴别诊断

（1）急性横贯性脊髓炎。

（2）脊髓空洞症。

5. 治疗

（1）病因治疗：解除压迫，多手术治疗。

（2）对症治疗：营养神经。

【思考题】

1. 慢性脊髓压迫症之特点是什么？

2. 脊髓受压节段及病灶位置定位的主要依据是什么？（包括髓内和髓外压迫之鉴别）

（佟德华）

见习九　周围神经病

一、特发性面神经麻痹

【目的要求】

1. 掌握特发性面神经麻痹的临床表现、诊断与鉴别诊断及治疗原则。

2. 熟悉面神经解剖结构。

【预习内容】

预习第七版《神经病学》的第二章第三节面神经解剖、第十五章第一节特发性面神经麻痹。

【学时数】

0.5 学时。

【见习安排】

1. 教师结合典型病人讲授面神经麻痹病人的临床特征、病史采集、体格检查要点，组织学生观摩学习神经内科的专科检查，帮助学生系统掌握神经内科体格检查的特点、步骤及方法，培养学生专科的临床诊疗思维。

2. 学生在预习理论内容基础上结合病例掌握面神经麻痹的临床特征、诊断及鉴别诊断，通过阅读病历、观察病人逐步掌握神经内科的专业特点，培养自身的专科临床思维。

3. 考核：①完成一份面神经麻痹病人的大病历。②结合患者的具体实际，教师以提问的方式了解学生学习情况。

【见习内容】

1. 特发性面神经麻痹的临床特点

（1）症状

1）急性起病，患侧眼睑闭合不全或无力、口角歪斜，病前可有上呼吸道感染、受凉史等。

2）症状可于数小时或 1～3 日内达到高峰。

3）病初可伴麻痹侧乳突区、耳内或下颌角疼痛，外耳道、鼓膜疱疹。

（2）体征

1）患侧面部表情肌瘫痪，额纹消失，不能皱额蹙眉，眼裂变大，不能闭合或闭合不全。

2）闭眼时眼球向上外方转动，显露白色巩膜（Bell 征）。

3）鼻唇沟变浅，口角下垂，示齿时口角偏向健侧。

4）口轮匝肌瘫痪使鼓腮和吹口哨漏气，颊肌瘫痪可使食物滞留于病侧齿颊之间。

5）可出现同侧舌前 2/3 味觉丧失和（或）听觉过敏。

6）Hunt 综合征：膝状神经节病变除有周围性面瘫、舌前 2/3 味觉障碍和（或）听觉过敏外，还可有患侧乳突部疼痛、耳廓和外耳道感觉减退、外耳道或鼓膜疱疹。

2. 辅助检查

（1）头颅 CT、MRI 等检查正常。

（2）脑脊液检查：脑脊液常规、生化检查正常。

3. 诊断　根据急性起病的周围性面瘫即可诊断。

4. 鉴别诊断

（1）格林-巴利综合征：周围性面瘫多为双侧性，对称性肢体瘫痪和感觉障碍，脑脊液蛋白-细胞分离现象是特征性表现。

（2）耳源性面神经麻痹：可有中耳炎、迷路炎、乳突炎、腮腺炎、肿瘤等原发病的特殊症状及病史。

（3）中枢性面瘫：表现为对侧鼻唇沟浅、口角下垂，而皱额、闭目正常，多伴有肢体瘫痪。

（4）神经莱姆病：单侧或双侧面瘫，常伴发热、皮肤游走性红斑，常累及其他颅神经。

5. 治疗原则　改善局部血液循环，促使水肿、炎症的消退，促进面神经功能的恢复。

（1）药物治疗：急性期及早应用皮质激素、神经营养药如 B 族维生素等。若有疱疹，予抗病毒治疗。

（2）理疗：急性期不宜针灸，可给予局部微波、超短波、红外线等治疗。

（3）康复治疗：恢复期行碘离子透入疗法、针刺、电针等。

（4）预防眼部并发症：带眼罩或眼药水预防感染、保护角膜。

【思考题】

1. 面神经炎有哪些临床表现？

2. 尚有哪些疾病可以继发面神经麻痹？如何鉴别？它与中枢性面瘫又如何鉴别？（重点提示：与急性多发性神经根神经炎、中耳炎、脑干、小脑桥脑角病变及大脑半球病变引起之面瘫相鉴别。）

3. 面神经炎急性期和恢复期之治疗有何不同？

（潘　燕）

二、三叉神经痛

【目的要求】

掌握三叉神经痛的临床表现、诊断与鉴别诊断及治疗原则。

【预习内容】

预习《神经病学》（第 7 版）的第十五章第一节三叉神经痛。

【学时数】

0.5学时。

【见习安排】

1. 教师结合典型病人讲授三叉神经痛病人的临床特征、病史采集、体格检查要点，组织学生观摩学习神经内科的专科检查，帮助学生系统掌握神经内科体格检查的特点、步骤及方法，培养学生专科的临床诊疗思维。

2. 学生在预习理论内容基础上结合病例掌握三叉神经痛的临床特征、诊断及鉴别诊断，通过阅读病历、观察病人逐步掌握神经内科的专业特点，培养自身的专科临床思维。

3. 考核：①完成一份三叉神经痛病人的大病历。②结合患者的具体实际，教师以提问的方式了解学生学习情况。

【见习内容】

1. 三叉神经痛的临床特点

（1）症状

1）多见于40岁以上中老年人，女性多见。

2）三叉神经分布区的发作性短暂剧痛，无先兆，突然发生。

3）以第2、3支最常见，多为单侧，呈电击样、刀割样或撕裂样剧痛，一般局限于一至两个分支支配区，每次数秒至 1～2 分钟，间歇期正常。

4）患者口角、鼻翼、颊部及舌最明显，轻触可诱发疼痛发作，称为“扳机点”，患者不敢洗脸、刷牙或进食。

5）疼痛严重者可出现“痛性抽搐”：面部肌肉反射性抽搐，口角牵向患侧，同时有面部发红、皮温高、结膜充血、流泪、唾液分泌增多、流涕等。

（2）体征：无神经系统阳性体征，部分患者由于发作时经常以手抹擦面部，导致面部皮肤粗糙、眉毛脱落。

2. 辅助检查

（1）头颅 CT、MRI 等检查正常。

（2）脑电图检查正常。

3. 诊断　根据疼痛的部位、性质、“扳机点”，无神经系统阳性体征等。

4. 鉴别诊断

（1）继发性三叉神经痛：多见于多发性硬化、延髓空洞症、原发性或转移性颅底肿瘤等。

（2）下颌关节病：在咀嚼时出现疼痛，颞颌关节局部压痛。

（3）非典型面痛：疼痛部位不定，无触痛点，情绪可使疼痛加重，抗抑郁治疗有效，见于抑郁症等。

（4）舌咽神经痛：舌咽神经分布区的发作性剧痛，吞咽、讲话、哈欠、咳嗽等可诱发，局部有触痛点，丁卡因涂抹可止痛。

（5）鼻窦炎：持续性钝痛，局部压痛、发热、脓涕等，鼻窦摄片可确诊。

（6）牙痛：持续性钝痛，进食冷热食物可加剧；X 线片有助于鉴别。

5. 治疗　原发性三叉神经痛首选药物治疗。

（1）药物治疗

1）卡马西平，常为首选。

2）苯妥英钠，可与卡马西平合用。

3）氯硝西泮。

4）大剂量维生素 B_{12} 等营养神经。

（2）神经阻滞疗法。

（3）射频热凝术：可出现面部感觉异常、角膜炎、咀嚼无力等。

（4）手术治疗：常用方法有三叉神经感觉根部分切断术，三叉神经脊束切断术及三叉神经根微血管减压术。

【思考题】

1. 叙述三叉神经痛的临床表现。与继发性三叉神经痛如何鉴别？

2. 三叉神经痛如何治疗？

（潘　燕）

三、急性炎性脱髓鞘性多发性神经病

【目的要求】

掌握急性炎症性脱髓鞘性多发性神经病（Guillain-Barre 综合征，GBS）的临床表现、诊断与鉴别诊断及治疗原则。

【预习内容】

预习第七版《神经病学》第十五章第二节 GBS。

【学时数】

1 学时。

【见习安排】

1. 教师结合典型病人讲授 GBS 病人的临床特征、病史采集、体格检查要点，组织学生观摩学习神经内科的专科检查、腰椎穿刺术等操作方法，帮助学生系统掌握神经内科体格检查的特点、步骤及方法，培养学生专科的临床诊疗思维。

2. 学生在预习理论内容基础上结合病例掌握 GBS 的临床特征、诊断及鉴别诊断，通过阅读病历、观察病人逐步掌握神经内科的专业特点，培养自身的专科临床思维。

3. 考核：①完成一份 GBS 病人的大病历。②结合患者的具体实际，教师以提问的方式了解学生学习情况。

【见习内容】

1. 急性炎症性脱髓鞘性多发性神经病的临床特点

（1）症状

1）大多数患者在起病前数日至数周有上呼吸道、胃肠道感染症状或疫苗接种史。劳累、受凉、淋雨等可为诱发因素。

2）急性或亚急性起病，症状逐渐加重，在1～2周内达到高峰，少数病例在3～4周后病情仍在进展。严重者1～2日内迅速加重，出现呼吸困难而危及生命。

3）常为四肢对称性无力，呈弛缓性瘫痪。通常由双下肢无力开始，近端较远端明显，以后发展到上肢。亦有仅以单纯感觉异常起病或伴有肌无力者。

4）主观感觉障碍较明显（如痛、麻、酸、胀）。

5）重症患者可因呼吸肌麻痹而出现周围性呼吸麻痹。

（2）体征

1）双侧对称的弛缓性瘫痪，一般下肢瘫痪重于上肢，腱反射减弱或消失，无锥体束征。

2）常有腓肠肌及其他肌肉压痛。

3）多为末梢型感觉障碍或无感觉障碍。

4）半数以上患者出现脑神经麻痹，往往为双侧，以周围性面神经麻痹常见。

5）球麻痹：吞咽困难、声音嘶哑、进食饮水呛咳等。

6）自主神经功能障碍：相对心动过速、心律失常、高血压或直立性低血压、手足少汗或多汗、肺功能受损、肢端皮肤干燥、手足肿胀及营养障碍等。

2. 辅助检查

（1）脑脊液检查：起病3天后脑脊液中蛋白含量上升，细胞数大致正常，称蛋白-细胞分离现象，为本病的特征之一，第3周最明显。亦有少数患者CSF细胞数可达（20～30）$\times 10^6$/L。脑脊液压力多数正常，糖和氯化物含量正常。

（2）心电图：严重患者的心电图半数以上有异常。以窦性心动过速和T波改变为主，T波变为平坦或倒置。QRS电压增高，R—R间期缩短，或出现房颤、房室束支传导阻滞等现象。

（3）神经传导与肌电图检查：提示神经源性病变。

1）F波或H反射延迟或消失。

2）NCV减慢、远端潜伏期延长、波幅正常或轻度异常。

3）在部分以神经轴索损害为主的病例，病后2～3周可见纤颤电位。

3. 诊断思路

（1）病前1～4周急性感染史。

（2）急性或亚急性起病。

（3）四肢对称性下运动神经元瘫痪。

（4）末梢性的感觉障碍。

（5）CSF蛋白-细胞分离。

（6）早期F波或H反射延迟。

4. 鉴别诊断

（1）周期性麻痹：迅速出现四肢迟缓瘫痪，无感觉障碍，低钾型多见，血清钾低，心电图呈低钾改变，反复发作史，补钾治疗能很快恢复。

（2）重症肌无力：全身型重症肌无力可有慢性四肢无力，有时可产生急性肌无力危象。骨骼肌病态疲劳，症状晨轻暮重，疲劳试验、新斯的明试验阳性。

（3）脊髓灰质炎：以单肢麻痹为主，无感觉障碍。

（4）急性横贯性脊髓炎：有感染史，起病急，1～2日出现截瘫，受损平面以下运动障碍伴传导束性感觉障碍，早期出现排尿、排便障碍，脑神经不受累。

（5）癔症性瘫痪：有精神诱因、神经系统体征不固定及腱反射活跃等。

5. 治疗原则

（1）一般治疗：防治感染、肺栓塞、褥疮等，加强营养支持疗法及各项基础护理。

（2）呼吸肌麻痹的抢救：呼吸肌麻痹是 GBS 的主要危险，呼吸肌麻痹的抢救是治疗重症 GBS 的关键。在疾病高峰期，有呼吸肌麻痹、呼吸困难征象，或有严重的肺部感染者，应尽早使用呼吸器。可先行气管内插管，若一天以上无好转，则宜尽早做气管切开，需加强护理与气道管理，预防并发症，保持呼吸道通畅。

（3）大剂量免疫球蛋白，0. 4g/（kg·d），连用 5 日。

（4）血浆置换：需在有特殊设备和经验的医疗中心进行，严重感染、心律失常、心功能不全及凝血系统疾病患者禁用。

（5）肾上腺皮质激素：通常认为对 GBS 无效，并可产生不良反应。但无条件应用免疫球蛋白或血浆交换的患者可试用。

（6）神经营养药物：B 族维生素、加兰他敏等药物。

（7）尽早开始理疗、按摩、针刺、电疗等，且注意保持瘫痪肢体的功能性体位。

【思考题】

1. 急性炎症性脱髓鞘性多发性神经病的临床经过及表现怎样？具有特征性诊断的根据是什么？主要危险是什么？如何应对？

2. 急性炎症性脱髓鞘性多发性神经病急性期积极治疗措施有哪些？

（潘 燕）

见习十　神经-肌肉接头疾病

一、重症肌无力（MG）

【目的要求】

1. 掌握重症肌无力的临床表现、诊断、鉴别诊断和治疗。

2. 熟悉重症肌无力的病因、发病机制。了解肌无力危象。

【预习内容】

预习《神经病学》（第 7 版）第十七章第一节重症肌无力。

【学时数】

1 学时。

【见习安排】

1. 教师结合典型病人讲授重症肌无力病人的临床特征、病史采集、体格检查要点，讲授疲劳试验操作方法。组织学生观摩学习神经内科的专科检查操作方法，帮助学生系统掌握神经内科体格检查的特点、步骤及方法，培养学生专科的临床诊疗思维。

2. 学生在预习理论内容基础上结合病例掌握

重症肌无力的临床特征、诊断及鉴别诊断，通过阅读病历、观察病人逐步掌握神经内科的专业特点，培养自身的专科临床思维。

3. 考核：①完成一份重症肌无力病人的大病历。②结合患者的具体实际，教师以提问的方式了解学生学习情况。

【见习内容】

1. 重症肌无力的临床特点

（1）症状

1）全身骨骼肌均可受累，呈病态疲劳，活动后加重、休息后减轻，有晨轻暮重的特点。多以脑神经支配的肌肉最先受累。四肢肌肉受累以近端无力为主。

2）常常合并有其他免疫性疾病，如甲亢等。

3）严重者出现危象。

4）胆碱酯酶抑制剂治疗有效。

（2）体征

1）肌肉疲劳试验阳性。

2）眼肌型患者常常出现上眼睑下垂，严重者出现眼球活动受限、斜视和复视。

3）延髓肌受累者出现吞咽困难，饮水呛咳，讲话呈鼻音，声音嘶哑。

4）面肌受累时面部肌肉减少、表情困难、闭眼和示齿无力。

5）呼吸肌、膈肌受累时咳嗽无力、呼吸困难。

6）颈肌受累时抬头困难。

7）严重时肢体无力，但很少单独出现，一般上肢重于下肢，近端重于远端。

（3）危象：指急骤发生延髓肌和呼吸肌无力，以致不能维持换气功能。临床上根据危象发生的原因分为：

1）肌无力危象：疾病发展和抗胆碱酯酶药物剂量不足所致，依酚氯铵（腾喜龙）或新斯的明注射后症状减轻。

2）胆碱能危象：由于抗胆碱酯酶药物过量导致。肌无力加重，出现肌束震颤及毒蕈碱样反应，腾喜龙注射无效或加重，伴多汗、苍白、流涎、恶心、呕吐、腹绞痛和瞳孔缩小等。

3）反拗危象：患者对抗胆碱酯酶药不敏感所致。腾喜龙试验无反应。

（4）临床分型：国内外广泛采用 Osserman 分型。

Ⅰ型：眼肌型，仅眼肌受累。

ⅡA 型：轻度全身型，进展缓慢，无危象，可合并眼肌受累，对药物敏感。

ⅡB 型：中度全身型，骨骼肌和延髓肌严重受累，无危象，药物敏感性欠佳。

Ⅲ型：重症急进型，症状危重，进展迅速，数周至数月内达到高峰，胸腺瘤高发。可发生危象，药效差，常需气管切开或辅助呼吸，死亡率高。

Ⅳ型：迟发重症型，症状同Ⅲ型，从Ⅰ型发展为ⅡA型、ⅡB型，经2年以上的进展期逐渐发展而来。

2. 辅助检查

（1）血尿常规检查：正常。

（2）胸腺检查：X线和CT平扫可发现胸腺瘤，常见于40岁以上患者。

（3）电生理检查：全身型MG患者3Hz或5Hz重复电刺激出现衰减反应，眼肌型阳性率低，正常不能排除诊断；单纤维肌电图显示颤抖增宽和（或）阻滞。

（4）血清 AChR-Ab 滴度测定：MG 患者 AChR-Ab滴度增高。

3. 诊断思路

（1）病变主要侵犯骨骼肌。

（2）症状的波动性及晨轻暮重特点。

（3）服用抗胆碱酯酶药物有效。

（4）诊断性试验

1）疲劳试验（Jolly试验）：受累肌肉重复活动

后使肌无力明显加重。

2）AChR-Ab 滴度测定：增高支持 MG 的诊断，特异性可达 99%，敏感性为 88%；但滴度正常不能排除诊断。

3）神经重复电刺激检查：动作电位低频刺激波幅递减 10%以上或高频刺激递减 30%以上为阳性。

4）抗胆碱酯酶药物试验：①新斯的明试验；②滕喜龙试验。

4. 鉴别诊断

（1）肌无力综合征。

（2）肉毒杆菌中毒。

（3）进行性肌营养不良。

（4）多发性肌炎。

（5）延髓麻痹。

5. 治疗

（1）抗胆碱酯酶药物：溴吡斯的明。

（2）皮质激素：适用于抗胆碱酯酶药反应较差并已行胸腺切除的患者。

1）大剂量泼尼松：开始用 60～80mg/d 口服。

2）甲泼尼龙冲击疗法：1g/d，连用 3～5 日。

（3）免疫抑制剂

1）硫唑嘌呤。

2）骁悉。

（4）血浆置换：用于病情急骤恶化或肌无力危象患者，或胸腺切除术前处理，避免或改善术后呼吸危象。

（5）免疫球蛋白：0. 4g/（kg·d），静脉滴注，连用3～5日。

（6）胸腺切除。

（7）应避免应用影响神经-肌肉传递功能的药物，如氨基糖苷类抗生素等。

（8）危象的处理：一旦发生危象，出现呼吸肌麻痹，应立即气管切开，用人工呼吸器辅助呼吸。

1）肌无力危象：应维持呼吸功能、预防感染，直至患者从危象中恢复。

2）胆碱能危象：应立即停用抗胆碱酯酶药，待药物排出后重新调整剂量或改用其他疗法。

3）反拗危象：应停用抗胆碱酯酶药，输液维持或改用其他疗法。

【思考题】

什么是重症肌无力危象？临床有哪几种类型？如何治疗？

（周青珍）

二、低钾型周期性麻痹

【目的要求】

1. 掌握低钾型周期性麻痹的临床表现、诊断、鉴别诊断和治疗。

2. 熟悉低钾型周期性麻痹的病因、发病机制。

【预习内容】

预习《神经病学》（第 7 版）第十七章第二节。

【学时数】

0. 5 学时。

【见习安排】

1. 教师结合典型病人讲授周期性麻痹病人的临床特征、病史采集、体格检查要点，了解周期性麻痹为软瘫的特点，组织学生观摩学习神经内科的专科检查、腰穿等操作方法，帮助学生系统掌握神经内科体格检查的特点、步骤及方法，培养学生专科的临床诊疗思维。

2. 学生在预习理论内容基础上结合病例掌握周期性麻痹的临床特征、诊断及鉴别诊断，通过阅读病历、观察病人逐步掌握神经内科的专业特点，培养自身的专科临床思维。

3. 考核：①完成一份周期性麻痹病人的大病例。②结合患者的具体实际，教师以提问的方式了解学生学习情况。

【见习内容】

1. 低钾型周期性瘫痪的临床特点

（1）症状

1）任何年龄都可发病，以20～40岁多见。男多于女。

2）酗酒、疲劳、受凉、饱餐、精神刺激、剧烈运动、焦虑和月经等常为诱因，或注射胰岛素、肾上腺素、使用大剂量的葡萄糖等。

3）发病前常有肢体的麻木感、酸胀感，或多汗、少尿、喝水多、面色潮红等前驱症状。

4）肢体无力常发于夜间睡眠或清晨起床时，肢体肌肉对称性无力或完全瘫痪。

5）少数严重患者可发生呼吸肌麻痹、心动过速或过缓、室性早搏等心律失常和血压增高而危及生命。

6）脑神经支配肌肉一般不受影响。

7）发作数小时至数日逐渐恢复，瘫痪最早的肌肉先恢复。

8）发作频率不等，数周或数月一次，个别病例每日发作，也有数年一次或终生仅发作一次。发作间歇一切正常。

（2）体征

1）病人神志清楚，吞咽、咀嚼、发音、眼球活动正常。

2）大多数病人瘫痪为肢体近端重于远端，下肢重于上肢，可以从下肢逐渐累及上肢，数小时至1～2天内达高峰。

3）瘫痪肢体肌张力低，腱反射减低或消失，病理反射阴性。

4）无感觉障碍。

2. 辅助检查

（1）血液生化检查：血钾在3. 5mmol/L以下，尿钾降低，血钠升高。

（2）肌电图（EMG）检查。心电图检查低钾型周期性瘫痪出现U波，P—R间期、Q—T间期延长，ST段下降，QRS波增宽。

（3）电生理检查肌电图显示波幅度低、时限短，严重者电刺激无反应。

（4）对低钾型周期性瘫痪诊断有困难时，可行葡萄糖诱发试验，即口服葡萄糖 100g 或静脉注射葡萄糖液 100ml，半小时左右出现四肢无力或瘫痪为阳性。

3. 诊断

（1）发作性双侧肢体对称性弛缓性瘫痪。

（2）血清钾降低。

（3）心电图提示低钾。

（4）补钾治疗有效。

4. 鉴别诊断

（1）急性炎症性脱髓鞘性多发性神经病：病前感染史，血钾正常，脑脊液蛋白-细胞分离等可鉴别。

（2）多发性肌炎。

（3）急性钡中毒：四肢瘫痪，眼睑下垂，发音、吞咽困难，以四川多见。

（4）其他各种能引起低钾瘫痪的疾病。

5. 治疗

（1）避免各种诱发因素，如疲劳、受凉、酗酒、饱餐、精神刺激等，可减少复发。

（2）低钾型周期性瘫痪发作时，口服 10%氯化钾溶液。

（3）对发作频繁者，发作间期可选用钾盐 1g，每日 3 次口服；螺内酯 200mg，每日 2 次；或乙酰唑胺 250mg，每日 3～4 次口服，以预防发作。

（4）伴发于甲亢者，应同时治疗甲亢。

【思考题】

1. 低钾型周期性瘫痪有哪些临床表现？如何治疗与预防？

2. 低钾型周期性瘫痪主要与哪些疾病鉴别？如何鉴别？

（周青珍）